독서가 공부를 이긴다

_____ 님께

자녀에게 주는 최고의 선물은
독서 교육입니다.

_____ 드림

사교육보다 힘센 독서력, 초등 독서가 대입까지 좌우한다!

독서가
공부를
이긴다

정하나 · 박주일 지음

KOREA.COM

차례

§ **프롤로그 –** 교과서가 달라졌다.
　　　　　　읽고 이해해야 수학도 풀린다! **8**

Part 1.
초등교육, 책 읽기가
　　더욱 중요해진다

융합교육 시대, 더욱 중요해진 책 읽기 ⋯ 16

미래가 원하는 인재로 키우려면 ⋯ 21

앞으로 성적은 어떻게 평가받나? ⋯ 27

책을 좋아하는 아이, 지성과 감성에서 앞선다 ⋯ 31

Tip • 책 많이 안 읽어도 공부 잘하던데요? ⋯ 34

Part 2.
책 읽는 아이, 성적도 오른다

책이 배움을 좋아하는 아이로 만든다 ⋯ 40

책 읽는 아이, 무엇이 다른가? ⋯ 44

서술형 문제에서 빛을 발하는 독서의 힘 ⋯ 47

초등 책 읽기, 대입까지 좌우한다 ⋯ 51

책 읽기는 가장 강력한 내공 ⋯ 56

독서 습관이 곧 공부 습관 ⋯ 61

책 읽기로 선행 학습도 척척척 ⋯ 67

Tip • 만화책만 좋아하는 아이,
　　　　어떻게 할까요? ⋯ 70

Part 3.
흥미 키우기, 최고의 독서 교육

아이들은 왜 책을 읽지 않을까? …74

지식보다는 감동을 추구하라 …80

최고의 체험 학습 장소, 도서관 …83

아이의 소유 욕구를 마음껏 충족시켜 준다 …87

엄마와 함께하는 15분이 아이의 인생을 바꾼다 …90

체험 학습과 함께하는 즐거운 책 읽기 …97

책에 대한 특별한 추억 만들기 …100

책 읽기의 즐거움을 아는 아이는 삶도 행복하다 …102

Tip • 책 읽기 싫어하는 아이, 어떻게 할까요? …106

Part 4.
엄마가 직접 만드는
'책 잘 읽는 아이'

부모가 책을 들면 아이도 책을 든다 …110

책과 친해지는 독서 환경 만들기 …117

책의 양을 채우면 질적인 변화가 따라온다 …122

융합 독서가 자신감과 도전 의식을 만든다 …129

다른 아이들이 사교육을 할 때 책을 많이 읽히자 …133

문제 행동에 초점을 맞추면 없던 문제도 생긴다 … 138

책 읽기가 일상이 되는 방법 … 143

전집과 단행본을 균형 있게 엮으라 … 147

초등 저학년은 책 읽는 재미를 아는 시기 … 150

초등 중학년은 교과 관련 도서와 학습 만화로 배경지식 넓히기 … 155

초등 고학년은 책으로 삶과 역사에 관해 탐색하기 … 158

교과서만 제대로 읽어도 상위 5퍼센트가 가능하다 … 167

책 읽기와 놀이로 수학적 힘을 기르자 … 172

책 읽기와 탐구 활동으로 과학적 사고력을 키우자 … 178

초등 교과보다 한발 앞선 사회 배경지식 넓히기 … 181

영어에 자유로운 아이로 키우는 영어 책 읽기 … 183

디지털 시대 전자책은 어떻게 활용할까? … 189

아이에게 부담을 주지 않는 독후 활동 … 193

Tip • 책을 건성으로 읽는 아이, 어떻게 할까요? … 196

Part 5.
생각하기, 말하기, 쓰기가 저절로 따라오는 책 읽기

똑똑한 아이로 만드는 배경지식 쌓기 독서법 … 200

공부를 잘하고 싶다면 스토리로 기억하라 … 204

뇌 운동이 활발해지는 상상력 키우는 독서법 … 207

한 권의 책에서 열 가지 지혜를 얻는 독서법 … 211

남과 다르게 생각하는 창의적인 아이로
키우려면 … 214

한 차원 높은 데로 도약하는 고전 읽기 … 218

잘 들어 주는 엄마가 표현 잘하는 아이를 만든다 … 223

자신 있게 표현하는 아이로 키우는 독서법 … 229

토론 잘하는 아이는 엄마가 만든다 … 233

아이와 주고받는 짧은 쪽지 … 237

글쓰기는 학원서 배우는 게 아니라
독서력이 답이다 … 241

글쓰기 힘을 기르는
독서 전략 … 245

Tip • 책을 읽었는데
물어보면 몰라요 … 248

Part 6.
세상을 바꾼 위인들에게
배우는 성공 독서

세계 최고 전문가로 키우는 워런 버핏의 집중 독서 … 252

사람의 마음을 움직이는 링컨의 암송 독서 … 256

알 때까지 파고드는 정약용의 질문 독서 … 259

원리를 깨우치는 세종대왕의 백독백습 … 263

역사책과 외국어 책으로 하는 처칠의 리더 독서 … 267

생각하고 표현하는 힘을 키우는 벤저민 프랭클린의 필사 독서 … 271

§ **에필로그** – 독서 교육은 자녀의 미래를 위해 부모가 줄 수 있는
최고의 선물 **275**

§ **참고도서 279**

교과서가 달라졌다.
읽고 이해해야 수학도 풀린다!

어느 날 부둣가에 커다란 배 한 척이 머물고 있었어요. 배의 선원들과 어른들은 바다로 떠날 준비를 하고 있었어요. 배 안에는 15명의 아이들만 타고 있었는데 재잘재잘 떠드는 아이들도 있었고, 곤히 잠든 아이들도 있었어요. 그런데 큰일 났어요. 배를 묶은 밧줄이 그만 풀리고 말았어요. 어른들이 육지 위에서 바쁘게 움직이는 사이 아이들만 탄 배는 바다 한가운데로 점점 떠내려갔어요. 마침 풍랑이 더욱 거세져 배가 심하게 흔들리자 잠들었던 아이들도 깨어났어요. 어리둥절해하던 아이들은 곧 배에 자신들만 남은 채 바다로 멀리 떠내려온 것을 깨닫고 두려움에 빠졌어요. 갑자기 큰 소리와 함께 배가 요동쳤어요. 배가 암초에 부딪친 거예요. 서로를 부둥켜안은 아이들은 더욱 두려워졌어요. 그때 한 아이의 힘찬 목소리가 들려왔어요.

"구명보트 3척이 있어. 우리 구명보트를 타고 배에서 탈출하자!"

15명의 아이들은 용기를 내어 구명보트 3척에 나누어 타고 배를 탈출하기로 했어요. 아이들은 거친 비바람을 뚫고 구명보트의 노를 저어 섬을 향해 천천히 나아갔어요. 구명보트에 타고 있는 아이들은 보트에 탄 아이들을 세어 보며 다음과 같이 말했어요.

"우리 보트에 탄 사람이 4명뿐이야. 아직 큰 배에 사람이 남아 있는 건 아닐까?"

앞에 나온 이야기는 초등학교 3학년 수학 지도서에 실린 이야기다. 학생들은 이 이야기에서 자신이 해결해야 할 문제가 무엇인지, 어떤 수학적 개념을 끌어들여야 할지 판단해야 한다.

그동안 수학은 숫자와 공식으로 채워진 어려운 과목으로 여겨져 왔다. 교육부는 이런 비판을 적극 수용해 학생들이 이야기와 맥락 속에서 자연스럽게 수학적 사고를 할 수 있도록 돕고자 스토리텔링 수학을 도입하게 되었다. 그러나 정작 교실에서는 다른 반응이다.

"선생님, 무슨 말인지 모르겠어요."

"선생님, 뭘 하라는 거예요?"

아이들은 문제가 무엇을 의미하는지도 잘 모른다. 예전처럼 '15÷3=?'이라고 물어봤으면 금방 답을 낼 수 있는 아이들이지만 긴 문장 앞에서 어리둥절하기만 하다.

정미네 가족은 과수원에서 어제는 배를 526개 땄고, 오늘은 375개를 땄습니다. 정미네 과수원에서 딴 배는 모두 몇 개인지 알아보는 식을 쓰고 설명해 보시오. 또한 구한 식을 세 가지 이상 다른 방법으로 풀어 보시오.

위에 나온 문제는 어떠한가? 예전에는 수학에서 답을 쓸 때 글로 써야 하는 경우는 거의 없었다. '526+375=901'이라고 답하면 끝날 문제였다. 그러나 요즘에는 왜 그런 답이 나왔는지 설명해야 하고, 답을 구할 때에도 여러 가지 풀이 방법을 써야 한다. 자신이 아는 것을 다른 사람도 이해할 수 있게 설명하고, 또한 다양한 방법으로 풀 수 있는 창의성까지 요구하는 것이다. 이것이 바로 '서술형 평가'다.

학교마다 차이가 있지만 서술형 문제는 전체 문제 중에 30퍼센트 정도를 차지한다. 교육부에서는 이 비중을 더 늘리려고 계획하고 있다. 이제 학교에서 학생들의 점수를 가르는 것은 사실상 이 서술형 문제를 얼마나 잘 푸느냐에 달려 있다. 아이들은 단순히 답을 내는 것이 아니라 자신이 알고 있는 수학적 개념을 말이나 수식으로 설명할 수 있어야 한다. 이것을 어려워하는 아이들은 아예 백지를 내거나 답만 덩그러니 쓰는 데 그친다. 이렇게 되면 좋은 점수를 받기 힘든 것은 당연하다. 문제에서 요구하는 것은 체계적인 수학적 원리나 식인데, 단순한 계산에는 능숙한 아이들도 그것을 논리적으로 서술하는 데는 익숙하지 못하기 때문이다.

그렇다면 어떻게 해야 할까? 이것도 많은 문제 풀이와 연습을 통해 익히면 되는 것일까? 답은 학생들에게 있었다. 서술형 문제가 도입된 초기에 평소 공부를 잘하던 아이도, 이런 문제 앞에서 두려움을 느끼고 자신이 아는 것을 제대로 쓰지 못하는 경우가 많았다. 그러나 서술형 문제에도 당황하지 않고 여전히 좋은 점수를 내는 아이들이 있었다. 그 아이들의 공통점이 무엇인가 보았더니, 바로 '독서' 였다. 과거에는 단순한 문제 풀이에 익숙한 아이들이 좋은 점수를 받았다. 그러나 지금은 자신이 아는 것을 다른 사람들이 이해할 수 있게 체계적으로 설명할 수 있어야 한다.

평소 독서를 통해 문맥을 이해하는 능력을 키웠던 아이들은 긴 문제에도 당황하지 않고, 문제가 요구하는 핵심을 잘 찾아냈다. 그리고 자신이 아는 것을 설명하라고 했을 때도 평소 독서를 통해 글의 논리적인 관계에 익숙해진 아이들은 자신이 알고 있는 것을 조리 있게 설명할 줄도 알았다. 또한 풍부한 배경지식을 바탕으로 여러 가지 접근법을 활용하여 문제를 해결할 수도 있었다.

그러나 답만 내는 연습을 한 아이들은 당황했다. 기계적인 문제 풀이는 잘했지만 이런 서술형 문제에는 한없이 약해졌다. 서술형 문제는 아예 풀지 않는 학생도 있고, 지레 겁을 먹어 아는 것도 제대로 쓰지 못하는 학생들이 많았다. 가장 당황한 사람들은 그동안 공부 좀 한다고 생각했던 학생과 학부모들이었다.

게다가 우리 아이들이 대학에 진학할 때 요구되는 능력 중 하나가 바로 논술, 글쓰기다. 과거에는 하나의 주제에 대해 서론, 본론, 결론으로 나누어 긴 글을 쓰는 능력이 요구되었지만 요즘의 논술 문제는 많이 달라졌다. 여러 번 읽어야 이해되는 어려운 지문들이 3~4개 주어지고, 문제도 많아졌다. 아이들은 긴 글을 이해하는 것은 물론, 여러 지식을 통합적으로 해석하여 문제가 요구하는 것에 맞추어 짧은 논술도 해야 한다. 이를 위해서는 한 주제를 놓고 폭넓은 독서를 통해 깊이 있게 공부하는 것이 좋다. 교과서에 나오는 지식들은 과목이 나누어져 있어 통합적으로 사고하기가 어렵다. 교과서를 보완해 줄 다양한 책 읽기를 통해 글을 이해하는 능력을 키우고, 여러 분야의 지식들을 머릿속에서 연결시킬 수 있는 통합적인 사고 능력을 키울 때다.

또한 사회가 복잡해지고 빠르게 변화되면서 우리에게도 이런 통합적인 사고 능력이 요구된다. 예전에는 한 가지 분야에 대해 많은 지식을 가지고 있으면 전문가로 대접받았지만, 현대에는 정보 통신이 발달하면서 단편적인 지식은 상대적으로 그 중요성이 떨어지게 되었다. 수많은 지식을 클릭 한 번으로 찾을 수 있는 세상이 왔기 때문이다.

이제 우리 아이에게 필요한 능력은 여러 교과와 학문 간의 영역을 넘나들면서 여러 지식을 종합해 문제의 원인을 다양한 관점에서 파악하고 해결책을 내는 능력이다. 이러한 고차원적인 문제는 검색으로 해결되지 않기 때문이다. 이러한 창의적이고 통합적인 사고 능력은 책 읽기와 다양한 체험을 통해 길러질 수 있다.

지금까지 네 가지 측면에서 독서의 이로움에 대해 이야기했다. 우선 독서는 국어뿐만 아니라 다른 과목도 잘하게 해 준다. 심지어 독서와 큰 관계가 없어 보이는 수학까지도 잘하도록 해 주는 것이 독서다. 둘째는, 나날이 강조되는 서술형 평가에서 독서가 제대로 힘을 발휘한다는 사실이다. 많이 읽으면 잘 쓸 수 있다. 셋째는, 대입 때 필요한 통합 논술에 독서가 필수적이라는 사실이다. 다양한 분야의 독서는 배경지식을 넓혀 줄 뿐 아니라 통합적 사고 능력을 키워 주기 때문이다. 마지막으로 독서는 현대의 정보화 시대에 꼭 필요한 문제 해결력을 키워 준다. 더 이상 사회는 인터넷에서 쉽게 구할 수 있는 단편 지식을 중요시하지 않는다. 문제를 종합적인 관점에서 파악하고 해결할 수 있는 창의적인 문제 해결 능력을 갖춘 인재를 필요로 한다.

그럼 지금부터 "우리 아이가 독서의 세계로 푹 빠지더니 달라졌어!"라고 자랑하는 엄마가 되어 볼까?

PART 1

초등교육,
책 읽기가 더욱
중요해진다

융합교육 시대,
더욱 중요해진 책 읽기

"책은 위대한 천재가 인류에게 남긴 유산이다." ─에디슨, 미국 발명가

전문가들은 미래에 우리 자녀들이 평균 11~40개의 직업을 가질 것이라고 전망하고 있다. 지금까지는 한 분야의 깊이 있는 지식이 우대받았지만, 미래에는 분야를 넘나들어 사고할 수 있는 인재가 필요하다는 뜻이다. 다양한 영역을 자유롭게 넘나들면서 지식과 지식을 융합한 창의적인 발상이 나올 수 있고, 이로써 급변하는 사회에 적응할 수 있다.

이런 인재의 가장 모범적인 사례가 바로 스티브 잡스다. 그가 개발한 아이폰에는 과학기술뿐 아니라, 디자인, 미술, 음악 등 그동안 사람들이 상상조차 하지 못했던 것들이 포함되어 있다.

융합교육(STEAM)은 '과학(Science), 기술(Technology), 공학(Engineering), 예술(Arts), 수학(Math)을 통합적으로 함께 교육하는 것'을 뜻한다. 모든 과목을 통합시켜야 하는 것은 아니고, 주제나 필요에 따라 두세 개가 통합될 수 있다. 초등학교에서는 주로 창의적 체험 활동 시간에 주제 중심으로 교육하거나, '과학+미술+국어'처럼 과목을 주제에 따라 묶어 교육하고 있다. 그동안은 학생들에게 지식을 일방적으로 주입하는 수동적 교육을 하였다면, 융합교육 시대에는 지식과 개념을 실생활과 연결해 이해하게 하고, 학생 스스로 문제를 찾아 해결할 수 있도록 격려하는 능동적 교육을 지향한다. 초등학교에서는 학생들이 실생활의 문제를 자기 문제로 인식하도록 돕는 데 주력하고 있다.

예를 들어 학생들은 "하늘은 왜 파랄까?" "미세 먼지는 왜 생기는 것일까?" "어떤 물에서 콩나물이 더 잘 자랄까?"와 같은 문제를 실생활에서 발견하고, 관련된 과학 지식을 찾아 실험을 통해 문제를 해결하는 식이다.

그동안은 수학이나 과학이 실생활과 괴리된 채 지나치게 이론적이라는 비판을 받아 왔다. 교과서를 중심으로 과학이나 수학적 지식을 교사가 전달하는 방식이었다. 그러나 융합교육은 생활과 밀접한 지식을 중심으로 지식이 어디에서 어떻게 쓰이는지 알고 활용할 수 있게 하는 데 중점을 둔다. 따라서 스스로 설계하고, 체험하고, 탐구하고, 실험하는 과정을 강조하며 실생활에서의 문제 해결력을 강조한다.

융합교육이 기존 교육과 다른 점은 주입식, 암기식 교육이 아니라, 학생들의 다양한 실험, 체험, 탐구를 강조한다는 것이다. 또한 과학 기술뿐 아니라 감성, 디자인, 상상력이 더해진 교육을 한다.

교육부도 이런 흐름에 맞추어 융합인재교육을 실시하고 있다. 1~2학년은 기존의 〈바른 생활〉, 〈슬기로운 생활〉, 〈즐거운 생활〉을 하나로 엮어 다방면의 교과목을 연계해 교육하고 있다. 3~6학년은 교육과정 안에서 교과목 중 일부를 주제 중심으로 통합하여 운영하고 있다. 이에 대해 학부모들은 긴 한숨을 쉬며 '또 새로운 교육과정에 적응하려면 어떻게 해야 하나? 학원에 보내야 하나?' 하고 고민한다. 좋은 학원에 보내면 융합교육을 제대로 시킬 수 있을까?

필자가 융합인재교육의 답으로 제시하는 것은 '주제 중심의 독서'다. 하나의 주제에 관해 다양한 저자들과 다양한 분야의 책을 찾아 읽는 방법이다. 기존의 독서는 지식 습득을 목적으로 했다면, 주제 중심의 독서는 지식뿐 아니라 문학, 예술, 수학, 과학적으로 사고하는 과정을 익히게 만든다. 주제 중심의 독서는 아이의 흥미와 관심을 고려하면서 다방면의 교육을 할 수 있다는 장점이 있다. 아이의 관심 분야를 주제별로 정해 여러 분야의 단행본을 한 권씩 사서 깊이 있게 공부하는 것이다.

이때 중요한 것은 '아이의 질문을 따라가는 것'이다. 아이가 궁금해하는 것을 중심으로 관련 분야의 책을 찾아 읽는다. 엄마가 아이의 생각과 질문에 적극적으로 반응하고 그것들을 수용하면 아이는 자신감이 생기고 더 주체적으로 공부할 수 있다. 이것이 미래 사회에서 요구되는 능력이다. 요즘에는 정보가 누구에게나 개방되어 있어 언제 어디서든 쉽게 찾을 수 있는 정보를 습득하는 것만으로는 더 이상 경쟁력을 갖출 수 없다.

예전에는 앞서 가는 사람을 열심히 뒤쫓아 가면 훌륭한 성과를 이룰 수 있었지만, 요즘에는 자신만의 분야에서 앞서 가는 사람이 되어야 훌륭한 사람으로 인정받을 수 있는 시대가 되었다. 주제 중심으로 융합 독서를 하며 영역 간의 넘나듦이 가능한 아이가 창의적인 인재로 자랄 수 있다.

융합교육에서 중요한 자유 탐구

자유 탐구는 궁금한 점을 해결하기 위해 과학자처럼 스스로 탐구하는 것을 말한다. 스스로 계획을 세워 관찰하거나 연구하고, 그것을 정리하여 다른 사람에게 발표하는 활동까지 포함한다. 자유 탐구는 다음과 같은 순서로 진행한다.

1. 탐구 주제 정하기: 평소 궁금했던 점을 탐구 주제로 정한다.
   (예: 물고기는 어떤 먹이를 가장 좋아할까?)
2. 탐구 실행: 주제와 관련된 내용을 책과 인터넷에서 찾는다. 이와 더불어 실제 관찰이나 탐구 활동을 한다. 그 내용을 글로 정리하고, 사진이나 동영상도 찍어 둔다.
3. 탐구 보고서 작성: 탐구 주제, 탐구 기간, 준비물, 탐구 방법, 탐구 결과, 탐구 결론 등을 기록한다.
4. 발표하기: 가족이나 친구에게 큰 소리로 발표한다.

활용하면 좋은 '창의융합교육' 앱

한국과학창의재단에서는 스토리텔링 초등 수학과 융합인재교육에 관한 자료를 제공하고 있다. 초등학교 1, 2학년 수학 익힘책 풀이 동영상, 부모님을 위한 초등 수학 가이드북, 융합인재교육(STEAM)에 대한 이해를 돕는 동영상 등 알찬 내용을 담고 있다.

미래가 원하는
인재로 키우려면

"한 권의 책을 읽음으로써 자신의 삶에서 새 시대를 본 사람이 너무나 많다."
—헨리 데이비드 소로, 미국 사상가 및 수필가

미래학자인 앨빈 토플러는, 한국이 현재는 지식 정보화 사회를 주도하고 있지만 미래를 대비하는 교육은 하고 있지 못하다고 지적했다. 하루에 10시간 이상을 미래에 필요하지도 않을 지식을 공부하느라 허비하고 있다는 것이다. 학생들은 미래의 직업인으로서 필요한 창의력이나 상상력, 문제 해결력을 키우기 위해서 책을 읽어야 하는데 쓸데없는 지식을 주입하느라 몸과 마음이 지쳐, 정작 미래를 위해 필요한 대비는 못하고 있다는 것이다.

아이들에게 나중에 커서 무엇이 되고 싶은지 물으면, 인기 있는 직업은 정해져 있다. 의사, 선생님, 과학자, 운동선수, 요리사, 디자이너, 연예인 등이다. 실제 통계도 별반 다르지 않다. 남자아이는 과학자, 공무원, 운동선수 순이고, 여자아이는 선생님, 화가나 음악가, 연예인 순이다. 부모들은 의사, 약사, 변호사, 회계사, 변리사 등을 선호한다. 그러나 이 직업이 미래에도 여전히 유망한 직업일 것이라는 보장은 어디에도 없다. 유망한 직업일수록 많은 사람들이 몰려 설 자리를 잃은 사람들이 많기 때문이다.

그렇다면 미래에는 어떤 직업이 유망할까? 지금 현재를 살고 있는 부모가 그것을 쉽게 예측할 수 있을까? 기껏해야 몇 안 되는 직업을 알고 있는 부모들이 지금 잘나가는 직업을 우리 자녀에게 권하는 것이 맞는 일일까? 직업에서도 수요와 공급의 법칙은 그대로 적용된다. 많은 사람이 원하면 그 직업은 경쟁이 치열해지고, 반면 얻는 이익은 줄어든다.

우리 자녀를 미래에 꼭 필요한 인재가 되게 하려면 어떻게 해야 할까? 우선 미래의 인재는 세계를 무대로 활동하게 될 것이다. 정보 통신과 교통의 빠른 발전 속도를 생각한다면 어렵지 않은 추측이다. 지금도 기업들은 쉽고 단순한 업무는 아웃소싱하거나 값싼 노동력으로 대체하고 있다. 반면 특수 분야나 고도의 전문적인 분야는 세계 어디를 뒤져도 인력이 부족하다. 우리 아이들은 세계 속에서 경쟁력이 있는 아이가 되어야 할 것이다. 이를 위해서는 외국어가 필수 요소가 될 것이다.

둘째로 미래의 인재는 어떤 분야에서라도 자신만의 특별함을 갖추어야 할 것이다. 한마디로 자기 하기 나름이란 말이다. 똑같은 햄버거 가게를 해도 특색 있고 매력적인 가게에는 손님이 몰릴 수밖에 없다. 남이 하는 것을 그대로 모방할 것이 아니라, 자신의 개성을 드러낼 줄 아는 아이로 성장시켜야 한다. 부모는 옆집 아이, '엄친아'를 부러워하며 비교할 것이 아니라, 우리 아이만의 특색이 무엇인지, 무엇을 좋아하고, 무엇을 잘하는지 파악하고 밀어 줘야 할 것이다. 이리저리 휩쓸리기보다는 줏대를 갖고 한 가지에 몰입하는 인재로 키워야 한다.

셋째로 미래에는 능동적인 인재가 사랑받는다. 주어진 일을 잘하는 사람도 좋지만 그보다는 능동적으로 자신이 할 일을 찾아서 하는 인재가 사랑받는다. 얼마 전 '화살표 청년'에 대한 기사를 본 적이 있다. 그 청년은 버스 정류장의 노선도에 화살표가 없어 어느 방향으로 가는 버스인지 모르는 불편함을 발견하고, 자전거를 타고 돌아다니며 버스 정류장의 노선도마다 화살표를 붙였다. 다른 친구들이 토익 공부를 하며 취업 준비에 한창일 때, 이 청년은 눈이 오나 비가 오나 길게는 하루 15시간씩 버스 정류장 노선도에 손수 만든 화살표 스티커를 붙이고 다닌 것이다. 이 청년에게는 해외 연수 경험이나 내세울 만한 토익 성적은 없었지만, 한 대기업에서 이 청년을 먼저 스카우트해 친구들 중에서 가장 먼저 취업하게 되었다. 이처럼 능동적으로 문제를 발견하고 해결할 수 있는 인재가 환영받는 시대가 이미 왔다.

넷째, 미래에는 유연한 인재가 사랑받는다. 제아무리 세계적인 기업도 평균 수명이 채 20년이 안 된다고 한다. 한때 전 세계를 제패할 만큼 사람들을 매혹시키던 기업도 변화에 신속하게 대처하지 못하면 사라질 수밖에 없다. 우리 자녀들도 빠른 변화 속도에 카멜레온처럼 색을 바꾸는 유연한 인재가 될 수 있도록 해야 한다.

그렇다면 우리 자녀를 미래 인재로 키우기 위해서 어떻게 해야 할까? 가장 중요한 것은 우리 아이가 자신의 꿈과 재능을 발견하는 일이다. 초등학교 때 부모들이 해 줘야 할 일은 책을 통해서 다양한 직업이 있다는 것과, 그 직업을 가지면 어떤 일을 한다는 것을 아이 스스로 알 수 있게 기회를 주는 것이다.

다행히 요즘에는 직업이나 진로와 관련된 책이 많이 나와 있다. 또한 위인들의 이야기도 큰 도움이 된다. 나보다 미리 성공적인 길을 간 위인들의 삶을 통해서 자신도 어떤 일을 어떤 마음가짐으로 하면 보람을 느낄 수 있을지 간접 체험을 할 수 있기 때문이다.

세계적인 투자가인 워런 버핏은 어렸을 적부터 할아버지 서재에 있는 위인전을 찾아 읽었다. 마을에서 큰 식료품점을 운영하던 할아버지의 서재에는 사업가들에 대한 위인전이 많았다. 버핏은 존 록펠러나 앤드루 카네기 등의 자서전과 위인전 등을 많이 읽으며 꿈을 키웠다.

아직 우리 아이가 꿈을 발견하기 전이라면 성공한 사람들과 위인들의 이야기가 나온 책을 읽게 해 주자. 다양한 직업과 관련된 책이나 진로 학습 만화도 좋다. 아이는 직업에 관한 안목을 넓히고, 자신이 커서 무슨 일을 하면 좋을지 고민할 것이다.

자신이 하고 싶은 것을 발견한 아이는 하는 활동마다 관련된 경험들을 축적시켜 나갈 수 있고, 점점 자신의 선택에 애착과 확신을 갖게 될 것이다. 그러면서 시간이 갈수록 남과 다른 전문성을 가진 특별한 아이가 될 수 있다.

미국 최초의 흑인 대통령이자 재선에 성공하고 노벨 평화상까지 수상한 버락 오바마도 위인전을 통해 꿈을 발견했다. 그는 어린 시절 편모슬하에서 흑인으로 차별을 받으며 힘든 어린 시절을 보냈다. 그러나 그의 어머니는 그가 흑인으로서 자부심을 갖길 바랐고, 그를 격려하며 자신감을 키워 주었다. 이와 더불어 그에게 흑인들을 위해 일하라는 가르침을 주었다. 그는 마틴 루터 킹 목사의 연설을 읽고 큰 감동을 받았다. 또 그는 흑인 인권 운동가 맬컴 엑스의 전기를 읽고 흑인 인권 변호사가 되겠다고 결심했다. 그가 그저 안정된 직업으로써 평범한 변호사를 꿈꿨다면 어떻게 미국의 대통령이 될 수 있었겠는가?

독서를 하면 판단력이 길러진다. 책에는 저자의 생각이나 주장이 많은 근거와 함께 제시되어 있다. 아이들은 책을 읽으면서 자연스럽게 여러 가지 생각과 그에 따르는 근거를 접하게 된다. 여기서 나아가 더 추가적인 설명이 된 책을 만날 수도 있고, 의견이 전혀 다른 책을 만날 수도 있다. 그러면서 자연스럽게 두 가지 이상의 생각이나 주장을 비교하면서 자신의 생각을 정립해 갈 수 있다. 미래 사회에서는 이처럼 남의 잣대가 아닌 자신의 판단에 따라 행동할 수 있는 능동적인 인재가 사랑받는다.

여러 가지 감성 동화나 문학 작품을 통해서 다른 사람의 마음을 헤아리는 공감 능력과 감수성도 키울 수 있다. 다른 사람의 도움 없이 혼자서는 큰일을 해낼 수 없다. 다른 사람과 소통하며 협업을 통해 큰 꿈을 현실화시키는 인재가 되도록 도와주어야 한다.

아이가 한 분야에서 두각을 나타내려면 공부하지 않을 수 없다. 공부나 전문적인 지식 습득은 책을 통해서 가능하다. 우리 아이도 책 읽는 습관만 들인다면 언제든 자신이 궁금한 것을 책에서 찾아볼 수 있고, 연구할 수 있다.

그럼 책만 많이 읽으면 미래 인재가 될 수 있을까? 필자가 말하는 것은 세상 물정 모르고 책만 읽는 바보, 간서치가 아니다. 책은 하나의 도구다. 책 읽는 습관은 문제 해결 방법을 찾는 가장 강력한 무기가 될 수 있다. 반대로 책에서 읽은 내용을 실생활에서 직접 체험하거나 실험해 보는 것도 적용력을 키우는 데 도움이 될 것이다. 부모는 아이가 책을 통해 지식을 얻는 기쁨과 일상에서 체험을 통해 얻는 지식의 기쁨이 서로 조화를 이루어 상승작용을 일으킬 수 있도록 도와야 할 것이다.

앞으로 성적은
어떻게 평가받나?

"독서란 자기의 머리가 남의 머리로 생각하는 일이다."

—쇼펜하우어, 독일 철학자

초등학교 학생과 학부모들은 중간고사, 기말고사에 신경을 쓰고 많은 준비를 하지만, 실제로 교사들은 수행평가 위주로 학생을 평가한다. 학기 말의 성적표나 생활기록부에 기록되는 것은 모두 이 수행평가를 바탕으로 작성되는 것이다. 수행평가는 말 그대로 해당 차시의 내용을 정확히 이해하고, 적용하고, 해결할 수 있는가를 평가하는 시험이다. 교사는 이 수행평가 결과를 바탕으로 학생 개인의 성취 수준을 평가한다.

교사는 수행평가를 실시할 때 한 번의 시험 결과로만 파악하는 것이 아니라, 학생의 수업 태도나 성취 수준을 종합적으로 고려한다. 이것이 기존의 지필시험과 다른 점이다. 시험은 학생의 지적인 부분만 고려하지만 수행평가는 지적, 정의적, 행동적 부분을 종합적으로 고려하는 것이다.

수행평가에서 점수를 잘 받으려면 어떻게 해야 할까?

우선 학기 초에 배부되는 '수행평가 계획서(안내장)'를 잘 보이는 곳에 붙여 두고, 학기 내내 참고하는 것이 좋다. 수행평가 계획서에는 수행평가를 언제 실시하는지, 과목별로 어떤 항목을 수행평가할 것인지 나와 있다. 이를 바탕으로 교과서에서 해당 차시를 찾아보면 그에 맞는 학습 주제가 나온다. 교과서에 나온 글과 문제들을 미리 예습하고 준비한다면 수행평가를 어렵지 않게 대비할 수 있다.

수행평가는 거의 교과서와 같은 문제나 비슷한 수준의 문제로 평가하거나, 수업 시간에 교과서에 적은 내용을 그대로 평가하는 교사도 많다. 그러니 수행평가를 잘 보고 싶다면 수행평가 계획을 바탕으로 해당 차시의 내용을 미리 예습하고, 필요한 부분이 있다면 필기해 두는 것이 좋다. 또한 수업 시간에 선생님이 강조한 내용은 꼭 빠트리지 않고 그대로 필기하거나 보충해야 한다.

수행평가나 교과서에 쓴 내용도 중요하지만 교사는 학생이 평소 수업에 참여하는 태도와 얼마나 열의를 갖고 정성스럽게 수행평가에 임하는지에 대해서도 종합적으로 평가한다. 좋은 내용을 썼더라도 글씨를 알아보기 힘들게 썼거나, 단어만 몇 개 써 놓거나, 잘 모르거나 확실하지 않다고 빈칸으로 비워 놓거나, 수업 시간에 떠들고 장난을 치다가 수행평가지만 그럴듯하게 작성하는 학생은 좋은 점수를 받기 어렵다.

또한 학교에서는 시험이나 수행평가 외에 인증제를 운영해 교육과정 외에서 아동이 성취하면 좋을 것들을 장려한다. 줄넘기 인증제, 영어 인증제, 독서 인증제 등이 대표적이다. 인증제는 한 학기나 1년 단위로 운영되기 때문에 꾸준히 하는 것이 중요하다. 인증 기간이 다가와서 한꺼번에 하려고 하면 잘되지 않기 때문이다.

준비하는 방법은, 한자라면 매일 5개씩 외우기, 줄넘기는 점심시간마다 10분씩 연습하기, 독서 기록장 일주일에 2개씩 쓰기 등 학교에서 요구하는 수준과 기간에 맞게 장기간의 계획을 세워 꾸준히 실천하는 것이다.

알아 둘 점은 대부분의 인증제가 상장 형식으로 나가지만 생활기록부에는 기록되지 않는 경우가 많다는 것이다. 그럼에도 학교에서 인증제를 하는 이유는 교과 외에 필요한 부분을 학생들이 꾸준히 노력할 수 있도록 독려하기 위해서다. 따라서 결과나 기록보다는 매일 꾸준히 노력하여 실력을 쌓는 용도로 생각하면 좋다. 생활기록부에 기록되는지 여부는 담임선생님에게 물어보면 쉽게 확인할 수 있다.

수행평가에서 점수를 잘 받는 비결

1. 수행평가 안내장을 보고 미리 해당 부분을 예습한다.

2. 예습하면서 중요한 것은 메모해 둔다.

3. 수업 시간에 선생님이 필기한 내용과 말을 잘 받아쓴다.

4. 수업 시간에 성실히 임한다.

5. 수행평가 시 선생님이 강조한 내용을 바탕으로 자신의 생각을 자세히 설명하며 쓴다.

6. 글씨는 바르게 또박또박 쓴다.

책을 좋아하는 아이,
지성과 감성에서 앞선다

"좋은 책을 읽는 것은 과거 몇 세기의 가장 훌륭한 사람들과 이야기를 나누는 것과 같다."
—르네 데카르트, 프랑스 수학자 및 철학자

미국에서 사회, 경제적 배경이 비슷한 두 집단을 대상으로 흥미로운 실험을 했다. 한 집단에는 정규교육 과정만 운영하고, 다른 집단에는 정규교육 과정과 더불어 어휘 공부를 따로 시켰다. 학년 말에 두 집단을 비교한 결과 어휘 학습을 한 집단이 국어 성적뿐 아니라 전 교과의 성적이 높았다.

그렇다면 어휘력을 높일 수 있는 최고의 방법은 무엇일까?

바로 책 읽기다. 책을 읽으면 문맥 속에서 어휘를 자연스럽게 접함으로써 저절로 익힐 수 있다. 글을 잘 이해하지 못하는 아이들의 대부분은 상식이라 여길 정도의 쉬운 단어조차 모르는 경우가 많다. 반면 책을 많이 읽은 아이들은 어휘력이 뛰어나 별다른 어려움 없이 지문을 척척 읽어 내고, 바로 이해할 수 있다.

언어학자인 펜필드는 '결정적 시기 이론(Critical Period Theory)'에서 다음과 같이 말했다.

"아동기는 생애 중에서 어휘 습득이 가장 왕성한 시기다. 이때 습득된 어휘는 성인이 되어서 원활한 독서와 청취는 물론이고, 생각과 의사를 글로 쓰고 말로 표현하는 데 사용된다. 언어 습득은 아동기 이후에는 생물학적 제약을 받아 둔화된다. 따라서 어휘량이 풍부하고 좋은 어휘를 사용하는 어린이로 자라는 데는 아동기 독서가 결정적 역할을 한다."

책을 읽으면 자연스럽게 읽기 능력도 향상된다. 굳이 의식하지 않아도 중요한 내용과 그렇지 않은 내용을 가리면서 읽는다. 각 문단의 주제를 파악하는 능력과, 전체 글에서 각 문단의 주요 내용을 종합하는 능력이 저절로 길러진다.

책을 읽으면 지성뿐 아니라 감성까지 길러진다. 책에는 아름다운 이야기가 많다. 감동적이고 아름다운 이야기를 접하면서 아이의 감성이 계발되고, 책 속의 주인공을 닮고 싶어진다. 책 속의 인물들은 갈등을 겪고, 그것을 독자가 미처 생각하지 못했던 감동적인 방법으로 극복한다. '나라면 다 포기해 버릴 거야'라는 생각이 들 때도 주인공은 희망의 끈을 놓지 않고 어려움을 극복한다.

다른 사람을 깊이 이해하고 타인을 배려하는 이야기를 다룬 책이 많다. 책을 읽으면서 자연스럽게 인물에게 동화되고 마치 내가 책 속의 주인공이 된 것처럼 울고 웃게 되는데, 이 과정에서 자연스럽게 여러 가지 감정을 느끼게 되고 타인의 감정을 공감하고 이해하는 능력이 생긴다.

이런 공감 능력과 감정이입은 다이어트에도 도움이 된다. 미국 듀크대학교의 사라 암스트롱 박사팀은 9~13세의 비만한 체구를 가진 소녀를 세 그룹으로 나누었다. 한 그룹은 비만 소녀가 나오는 소설책을 읽혔다. 다른 한 그룹은 일반 소설을 읽히고, 나머지 그룹은 아무것도 읽히지 않았다. 6개월 후 체질량 검사를 한 결과 비만 소녀가 나오는 소설을 읽은 그룹이 체질량이 가장 크게 감소했고, 아무것도 읽지 않은 그룹은 거의 변화가 없었다. 전문가들은 그 이유가 아이들이 비만인 주인공의 모습에 공감하고 살을 빼려고 노력했기 때문이라고 설명한다. 책 속의 인물과 동화 작용이 일어난 것이다.

아이들은 책을 읽으면서 주인공의 삶에 공감한다. 주인공이 기쁠 때는 함께 웃고, 슬플 때는 함께 운다. 그러면서 다른 사람을 이해하고 공감하는 능력이 발달한다. 이것이 바로 감성이다. 책을 읽고 감동을 느끼면서 '아, 이렇게 살아야겠구나' 하고 깨닫는 것이다. 이렇게 감정이입을 하면서 다른 사람의 마음을 이해하고 헤아리는 공감 능력이 발달할 뿐 아니라 감수성도 키워진다.

책 많이 안 읽어도
공부 잘하던데요?

"읽으면 좋지만 안 읽어도 괜찮지 않나요? 책 안 읽어도 공부 잘하는 애들이 있던데요?"

엄마들의 말대로 책을 많이 안 읽고도 상위권의 성적을 내는 학생들이 있다. 물론 책을 많이 읽은 아이들에 비해 적지만 이런 아이들이 없는 것은 아니다. 그러나 학년이 올라갈수록 최상위권의 성적은 내기 힘들다. 학년이 올라갈수록 학습량이 많아지면 단순한 문제 풀이나 지식 습득으로만 해결하는 데는 한계가 있다. 기본적인 이해력, 문제 해결력, 자료 분석 능력 등이 필요하다. 그래야 원리를 다른 분야나 현실에 적용해 문제를 해결할 수 있다.

책 읽기를 게을리하면 이런 고차원적인 사고력이 쉽사리 키워지지 않는다. 책을 읽지 않은 아이들이 공부 시간에 비해 그만큼의 성과가 나지 않는 이유다. 또한 책 읽기를 힘들어하는 경우는 대개 공부하는 것도 좋아하지 않는다. 책 읽기는 곧 공부 습관과 연결된다. 책을 차분하게 잘 읽을 수 있는 아이는 나중에 공부도 열심히 할 수 있는 잠재력이 있는 아이다. 책을 안 읽고도 공부를 잘하는 아이들이 책을 많이 읽었다면 그 능력이 얼마나 더 향상되었을지 아쉽기만 하다. 더 잘할 수 있는 능력을 충분히 갖추었는데도 적절한 자극이 주어지지 않아 자신의 능력과 재능을 충분히 발휘하지 못하는 안타까운 경우라 하겠다.

성진이가 꼭 그런 아이였다. 성진이는 뭐든지 빨리 잘 해냈다. 그러나 뭔가 차분하고 진지하게 하지는 못했다. 워낙 머리 회전이 빠른 아이라 이해가 빠르고, 대처도 빨랐다. 시험 성적도 늘 90점 이상이었다. 그러나 학년이 올라갈수록 머리로만 하는 공부에 한계가 있었다. 중학교 때는 그럭저럭 잘 따라갔지만 고등학교에 가니 성적이 뚝 떨어지기 시작했다. 열심히 해도 성적은 늘 하위권이었다. 다른 아이들이 하는 것처럼 문제집을 풀고, 학원도 다녔지만 한 번 떨어진 성적은 오를 줄을 몰랐다. 상담해 본 결과, 어릴 적부터 책을 거의 읽지 않은 것이 문제로 파악되었다.

연수는 고등학교에 올라가 모든 영역에서 우수한 성적을 유지했다. 언어영역을 제외한 모든 영역이 상위권이었지만, 언어영역은 아무리 노력해도 성적이 오르지 않았다. 원하는 대학의 학과에 진학하려면 언어영역 성적을 잘 받아야 하는데, 아무리 열심히 해도 성적이 나오지 않으니 애가 탔다. 왜 언어영역에서 특히 약한지 이유를 알아보니 어렸을 때 책이라고는 동화책 몇 권을 읽은 것이 전부였다.

독서의 효과는 금방 나타나지 않는다. 지식이 엄청나게 늘어난다거나, 성적이 갑자기 오르는 것은 아니다. 이 변화는 아주 서서히 나타난다. 책을 읽고 얻는 것 중에 가장 중요한 것은 '생각하는 힘'이다. 나이가 들면서 키가 크고 몸이 자라는 것처럼 생각하는 힘도 서서히 길러진다. 이 힘은 다른 모든 공부를 더 쉽게, 편하게, 내실 있게 할 수 있게 해 준다.

자연 재료로 만든 음식과 인스턴트 음식을 생각하면 좋을 것이다. 자연 재료로 만든 음식이든, 인스턴트식품이든 먹으면 키가 크고, 살도 붙는다. 그러나 사람 몸 안에서 일어나는 변화는 다르다. 자연 재료는 먹는 사람을 건강하게 만들지만, 인스턴트식품은 눈에 금방 띄지 않더라도 비만, 당뇨 등의 병을 유발한다. 이런 효과는 하루아침에 나타나는 것이 아니라, 그러한 행동이 지속되었을 때 눈에 보인다. 효과가 금방 나타나는 속성 교육은 없다. 제대로 된 공부는 꾸준히, 지속적으로, 성실하게 하는 공부다.

안철수는 초등학교부터 고등학교 2학년 때까지 두각을 나타내지 못하는 학생이었다. 반에서 중간 정도 성적의 평범하고 조용한 학생이었다. 그런 그가 고3이 되어서야 처음으로 전교 최상위권의 성적으로 올라선다. 그리고 우리나라 최고의 서울대학교 의과대학까지 진학한다. 안철수는《CEO 안철수, 영혼이 있는 승부》에서 자신의 학창 시절을 이렇게 설명한다.

"초등학교 시절, 반에서 중간 정도의 성적이었다. 고등학교 3학년에 올라가기 전까지 반에서 1등을 해 본 적은 한 번도 없었다. 그런데 조금씩 올라가더니 3학년 때 처음으로 1등이라는 걸 해 보았다. 대학에 갔을 때도 입학 성적은 별로 좋지 않았으나 조금씩 성적이 좋아지더니 졸업할 무렵에는 최상위 그룹에 들 수 있었다."

안철수는 평범했던 자신의 성적이 고3에 가서야 급등할 수 있었던 까닭을 스스로 독서에서 찾고 있다. 그는 어렸을 때 활자 중독이었다고 고백한다. 그는 책 뒤의 출판사 이름까지 하나도 놓치지 않고 꼼꼼히 읽는 아이였다. 학교 공부는 따로 하지 않고, 오로지 책 읽기에만 빠진 학생이었다.

안철수의 《행복 바이러스 안철수》를 보면 그가 얼마나 책을 좋아했는지 알 수 있다.

"내가 책을 좋아하는 것을 아신 부모님은 방학 때마다 전집류를 사 주셨다. 그러면 나는 방에 틀어박혀 방학 내내 그 책들만 읽고 지냈다. 그것도 밤을 새워 가며 읽었다. 정말 책이라면 뭐든지 좋았다."

그의 학창 시절을 알 수 있는 대목이다. 그는 학창 시절, 공부에 두각을 크게 나타내진 못했지만 책은 정말 열심히 읽었다. 그 당시 '삼중당문고'라 하여 한국문학부터 세계문학 전집, 고전 등의 명작들로 구성된 문고판 시리즈가 있었는데, 이를 모두 섭렵했을 정도다. 따로 공부를 하지 않아서 성적이 금방 좋아지진 않았지만, 그는 점점 두각을 나타냈다. 그리고 시간이 지나자 누구도 따라오지 못할 정도가 되었다.

독서의 진가는 그가 '안철수 연구소'의 CEO로 있을 때 제대로 발휘되었다. 그는 의사 생활을 하면서도 컴퓨터 바이러스 백신을 개발해 사람들에게 무료로 배포하였고, 이를 계기로 회사를 설립하게 되었다. 독서를 통해 생각하는 힘을 기르지 못했다면 자신이 전공한 분야가 아닌 다른 분야에 도전하지 못했을 것이다. 또한 공부만 잘하는 '범생이' CEO였다면 그만한 리더십을 발휘하고, 뛰어난 경영 능력을 보여 줄 수 없었을 것이다.

　가끔 책을 많이 읽지 않아도 학교 공부를 충실히 해서 공부를 잘하는 학생들을 본다. 분명 책을 많이 안 읽어도 공부를 잘하는 학생이 있다. 그러나 그런 학생들은 학년이 올라갈수록 성적을 위해 죽어라 공부하지만 최상위권의 성적은 나오지 않는다. 반면 책을 좋아하는 아이는 처음에는 성적이 별로 높지 않을 수 있다. 그러나 그들은 공부가 어렵지 않다. 그들은 학교 공부를 따로 열심히 하기보다는 책 읽기를 꾸준히 한다. 책을 읽으면 저절로 지식이 쌓이고 생각하는 힘이 길러져 공부가 된다. 수업 시간에 집중만 잘해도 이해가 잘돼서 따로 어렵게 공부하지 않아도 된다. 가장 좋은 점은 학년이 올라갈수록 책 읽기의 진가가 발휘된다는 것이다.

PART 2

책 읽는 아이,
성적도 오른다

책이 배움을 좋아하는
아이로 만든다

"책 속에 모든 과거의 영혼이 잠잔다. 오늘의 참다운 대학은 도서관이다."
—칼라일, 영국 사상가 및 역사가

"공부시키기가 너무 힘들어요."

"공부하라고 하면 책상 앞에 5분도 못 앉아 있고 돌아다녀요."

학부모들과 상담하다 보면 마치 아이와 공부와의 전쟁을 벌인 듯하다. 부모는 하나라도 더 시키려고 하고, 아이는 안 하려고 멀리 도망치기 바쁜 모습이 그려진다.

공부하기 싫어하는 아이들에게는 크게 두 가지 공통점이 있다. 첫째는 책상에 앉기를 힘들어한다. 아직 책상 앞에 앉는 습관이 몸에 배지 않아서 놀고 싶은 욕구가 더 강하다. 초등학교 때부터 오랜 시간 책상 앞에 앉아서 공부할 필요는 없지만 하루 30분에서 1시간 정도는 앉아 있는 습관을 들일 필요가 있다. 평소 책 읽는 습관이 든 아이들에게는 책상 앞에 앉는 것이 힘든 일이 아니다. 책 읽기가 자연스럽게 공부 습관으로 연결되는 경우다.

두 번째는 읽어도 어렵고 이해되지 않기 때문에 공부를 싫어하는 것이다. 엄마가 공부하라고 하니 책상 앞에 앉아 있기는 하는데, 어려운 용어도 많고 무엇이 중요한지도 잘 모른다. 이런 아이들은 잠시 공부거리를 쳐다보다가 금세 흥미를 잃고 만다. 그러면서 공부가 어려우니 도와달라고 말하지 않고 공부가 재미없어서 하기 싫다고 표현한다. 그럴 때 엄마들은 '우리 아이는 왜 이렇게 공부를 싫어할까?' 하면서 힘들어한다.

이런 아이들은 무엇이 어려운지 짚어 보라고 해도 다 모르겠다고 답한다. 글을 읽을 수는 있지만 문장의 의미가 머릿속에 제대로 이해되고 정리되지 않기 때문이다. 그러나 평소 꾸준히 책을 읽은 아이들은 이미 이런 연습이 자연스럽게 몸에 배어 있다. 책 속에는 수많은 어휘가 문맥 속에 자연스럽게 녹아 있기 때문이다. 또한 대부분의 아동서에는 그림이 있어 어려운 단어도 쉽게 이해할 수 있게 도와준다. 아이가 단어 뜻을 모르더라도 앞뒤 문맥에서 자연스럽게 어휘를 터득해 가는 것이다.

또한 책을 읽으면 문맥을 이해하는 능력도 좋아진다. 영어 공부를 할 때 개별적인 단어의 뜻을 알더라도 전체적인 문장 해석이 안 되는 경험을 해 본 적이 있을 것이다. 아이들이 한글을 읽을 때도 이와 비슷한 경험을 한다. 문장을 읽어도 잘 이해되지 않는다. 또한 무엇이 중요하고 중요하지 않은지, 무엇이 알던 내용이고 무엇이 새롭게 알게 된 내용인지 잘 정리되지 않는다. 그러나 책을 많이 읽은 아이들은 자연스럽게 이런 훈련이 된다. 책은 하나의 주제에 대해 깊이 있게 설명하는 것이 많다. 그러다 보니 여러 가지 예시가 들어 있고, 같은 말을 다르게 표현하는 경우도 많다.

책을 많이 읽다 보면 점점 읽는 속도가 빨라지는데, 그 이유가 바로 무엇이 중요하고 중요하지 않은지를 파악하며 읽을 수 있기 때문이다. 평소 책 읽기를 많이 한 아이들은 이 과정이 자연스럽게 몸에 익어서 내용에 대한 이해가 빠르다. 반면 그렇지 않은 아이들은 공부가 가장 어렵게 느껴진다.

엄마들은 "우리 아이가 스스로 공부 좀 했으면 좋겠어요"라고 입을 모아 말한다. 책 읽기를 좋아하는 아이는 공부하는 것도 좋아한다. 그 아이들은 배움의 즐거움을 느꼈기 때문이다. 평소 책을 통해 알아 가는 기쁨을 맛본 아이는 자신 안에 지식과 지혜가 차곡차곡 쌓여 가고 있음을 저절로 느끼게 된다. 다른 사람보다 생각하는 힘이 강하고, 이해력도 빠르다는 것을 느끼면서 성취감과 자신감이 쌓이기 때문이다. 나는 공부를 힘들어한다는 자녀를 둔 학부모들에게 이렇게 조언한다.

"직접 공부를 많이 시키기보다는 책을 많이 읽히세요. 사회, 과학을 어려워하면, 요즘 학습 만화나 관련 책들이 많이 나와 있으니 아이가 흥미를 가질 만한 책을 골라 주세요. 그런 책들을 통해 큰 그림을 볼 수 있도록 도와주면 공부는 차츰 자연스럽게 잘하게 됩니다."

이것은 과학적으로도 밝혀진 사실이다. 직접 교수법보다는 아이 스스로 공부해서 터득하는 것이 학업 성취도에 훨씬 효과적이라는 것이다. 그러니 아이가 공부를 어려워하고 힘들어하면 공부방이나 학원을 찾기보다는 책을 많이 읽도록 격려해서 '아이 스스로 공부할 수 있는 능력'을 키워 주는 것이 훨씬 좋다.

책 읽는 아이, 무엇이 다른가?

"사람은 책을 만들고 책은 사람을 만든다."

—신용호, 교보생명 및 교보문고 창립자

캐나다 통계청의 연구 결과, 초등 저학년 시절의 독서량은 사회·경제적 배경이나 성별 등에 상관없이 10년 후의 학업 성취도와 밀접하게 관련이 있는 것으로 나타났다. 그 당시 읽기 능력이 뛰어난 학생이 10년 후에 학업 성적이 월등하게 높았던 것이다.

우리나라에서는 가톨릭대학교 성기선 교수가 고등학교 1, 2학년을 대상으로 비슷한 연구를 진행했다. 그 결과 상위 10퍼센트 학생들은 책과 신문을 즐겨 보고 영상 매체를 멀리한다는 사실이 밝혀졌다. 뇌 연구 전문가들도 '똑똑하고 싶다면 보지 말고 읽으라'라고 당부한다. 중앙대학교 신문방송학과의 이정춘 교수는 연구를 통해, TV를 많이 볼수록 좌뇌 활동이 둔화되고, 이는 논리와 분석력을 약화시켜, 읽기와 쓰기, 셈하기 능력을 퇴보시킨다고 지적했다.

독서 습관이 잘 형성된 아이는 보통 아이들보다 빛이 난다. 빛이 나는 이유는 여러 가지가 있다. 우선 풍부한 지식이 있다.

선생님: 오늘은 미세먼지가 많으니까 바깥 활동을 자제하세요.

평범한 학생: 에잇, 오늘은 운동장에서 못 놀겠다.

책을 많이 읽은 학생 1: 선생님, 미세먼지는 왜 중국에서 오나요?

책을 많이 읽은 학생 2: 중국에서 우리나라 쪽으로 편서풍이 불기 때문이야. 서쪽에서 동쪽으로 부는 바람이지. 우리나라는 북반구에 있는데….

이렇게 책을 많이 읽은 학생은 일상생활에서 일어나는 일들에 궁금증을 갖는다. 또한 풍부한 배경지식을 갖고 있기 때문에 여러 가지 현상의 원리를 이해하고 있다. 이런 배경지식은 공부를 쉽게 할 수 있게 해 준다. 글을 읽으면 그것의 인과관계가 머릿속에 자연스럽게 떠올라 저절로 이해가 되기 때문이다.

책을 볼 때 낱말의 뜻을 모르면 어렵게 느껴지고, 계속 읽기가 불편해진다. 또한 다른 사람의 말을 들을 때도 잘 이해되지 않는다. 수업 시간에 선생님이 설명하는 내용에는 대부분 생소하거나 모르는 낱말이 핵심 단어로 제시되는데, 이때 책을 많이 읽지 않은 아이는 이 단어와 그에 대한 설명의 반밖에 이해하지 못한다. 그러나 책을 많이 읽은 아이들은 낯선 표현이나 설명을 쉽게 입력한다.

사람은 경험을 많이 할수록 생각의 폭이 넓어지고, 깊이 있는 사고를 할 수 있다. 그러나 시간과 돈, 공간의 제약이 따르기에 다양한 경험을 하기란 쉽지 않다. 책에는 다양한 세계가 나온다. 우리가 경험해 보지 못한 과거, 미래, 상상의 세계, 다른 나라의 이야기가 나온다. 책 속에는 무궁무진한 세계가 있고, 여러 전문가들이 그 세계를 생생하게 설명하거나 보여 준다. 책을 통한 간접 경험이 많이 쌓일수록 생각의 폭과 깊이가 확장될 것이다.

책을 읽으면 성적까지 좋아진다. 공부는 무엇으로 하는가? 바로 책으로 한다. 미디어 매체가 아무리 발달했다고 해도 아직까지 책의 역할을 따라오진 못한다. 특히 학교에서는 거의 백 퍼센트 책이 활용된다. 평소 책을 가까이하던 아이는 공부를 어려워하지 않는다. 글을 읽는 데 거부감이 없기 때문이다. 반면 공부를 싫어하는 아이들은 책 읽기도 힘들어하고 싫어한다.

필자는 아침마다 교실에서 몰입 독서 시간을 갖는다. 학교에서 성적이 좋은 아이들은 그 짧은 시간에도 몰입해서 책을 읽는다. 그런데 성적이 안 좋은 아이들은 계속 옆 친구를 건드리며 말을 시키고, 책장 근처를 맴돌면서 책을 고르는 척만 한다. 특히 하위권 학생 중에서 책 읽기를 좋아하는 학생을 거의 본 적이 없다.

서술형 문제에서
빛을 발하는 독서의 힘

"사람은 음식물로 체력을 배양하고, 독서로 정신력을 배양한다."
— 쇼펜하우어, 독일 철학자

요즘 중간고사, 기말고사 성적은 서술형 평가 결과가 크게 좌우한다. 학교마다 차이가 있지만 초등학교에서는 30퍼센트 정도의 비율로 출제되고, 중·고등학교에서는 더욱 확대될 전망이다. 선택형 문항이나 단답식처럼 정해진 답 맞추기에 익숙해진 아이들이 서술형 평가에 제대로 답하기란 쉬운 일이 아니다.

"답을 쓰고, 왜 그런지 설명하시오" 같은 문제가 나오면 답은 알지만 그 이유는 어떻게 설명하는 것인지, 무엇을 써야 하는지 막막해하는 아이들이 많다.

~에 대한 자신의 생각을 쓰시오.

~을 요약해 보시오.

~에 대해 설명해 보시오.

~의 풀이 과정을 쓰시오.

주어진 자료를 보고 알게 된 사실을 쓰시오.

이 실험을 통해 알게 된 사실을 쓰시오.

틀린 부분을 찾아 바르게 고치시오.

이런 문제들이 학년과 과목에 따라 다양하게 출제된다. 이런 문제에 대비하기 위해서는 평소 아는 것을 말이나 글로 표현하는 연습이 필요하다. 머릿속에 막연하게 알고 있는 풀이 과정과 생각을 말과 글로 표현하기란 쉬운 일이 아니기 때문이다. 또한 서술형 문제를 푸는 데는 배경지식도 큰 영향을 미친다.

이런 서술형 평가에 대비하기 위해서는 독서의 습관화가 답이다.

우선 서술형 문제는 글을 많이 접해 본 아이에게 유리하다. 서술형 평가는 답도 길게 써야 하지만, 문제 자체도 해석이 필요한 자료나 긴 지문이 주어지는 경우가 많다. 그런 자료를 활용해 자기가 아는 지식이나 생각, 의견을 써야 하므로 주어진 자료를 해석하고 문제의 의도를 파악할 수 있는 능력이 필요하다. 평소 독서를 꾸준히 한 아이들은 자료를 읽고 내용을 파악하는 데 큰 어려움을 느끼지 않는다.

둘째, 서술형은 자기가 알고 있는 내용을 글로 표현할 수 있는 것이 중요하다. 하지만 평소 독서 습관이 안 되어 있는 아이는 글쓰기도 어려워한다. 표현력에 한계가 있기 때문이다.

그렇다면 서술형 평가에 강해지는 독서는 어떻게 하는 것일까?

흔히 시험을 볼 때 전과나 문제집에 의지하는 경우가 있다. 그러나 전과에는 너무 많은 지식이 있어서 무엇이 중요한지 알기 어렵다. 초등학교에서는 교과서 수준의 문제가 출제되므로 교과서 위주로 공부하는 것이 좋다. 보통 교과서 2쪽마다 학습 목표가 제시되고 관련 글이나 사진, 자료가 제시되기 때문에, 교과서를 읽을 때는 항상 학습 목표를 염두에 두고 읽어야 한다. 요즘에는 중요 개념을 따로 정리해 주거나 굵은 글씨로 친절하게 표시해 둔 교과서가 많다. 평소 중요한 개념과 학습 목표만은 반드시 파악하고 있어야 한다. 다른 책이나 글을 읽을 때도 마찬가지다. 짧은 글은 모두 제목을 갖고 있다. 짧은 글을 읽을 때 항상 제목을 생각하며 읽는다. 글에서 중심 낱말을 찾아보는 것도 도움이 된다.

둘째로 교과서나 책에서 글 하나를 읽고 요약해 보기, 개념에 대해 설명하기, 왜 그런지 이유나 근거 대기, 어떻게 그렇게 됐는지 과정 설명하기 같은 활동을 가끔 병행하는 것이 좋다.

셋째로 정확히 읽는 습관이 필요하다. 문제가 너무 길다 보니, 무엇을 묻고 있는지 제대로 파악하지 못하고 동문서답하는 경우가 있다. 평소에 교과서는 특별히 여러 번 정확하게 읽어 두는 것이 좋다. 책을 읽을 때에도 좋은 내용이라면 여러 번 반복해 읽는 것이 도움이 된다. 책을 읽으면서 모르는 것은 부모님께 물어보거나 스마트폰이나 인터넷 검색을 통해 찾아보는 습관을 들이는 것도 좋다.

서술형 문제의 핵심

1. 요약하기

2. 설명하기

3. 이유나 근거 들기

평소에 말로 설명하거나 글로 써 보기

1. 예를 들어…

2. 왜냐하면…

3. 어떻게…

서술형 문제에서는 중요한 내용에 밑줄을 긋고 소리 내어 읽어 보기

핵심을 파악할 수 있고, 자신의 말을 귀로 들을 수 있기 때문에 더 잘 이해된다. 속으로 읽을 때는 무의식적으로 건너뛰어 읽는 경우가 많은데 소리 내어 읽으면 한 자 한 자 빼놓지 않고 읽을 수 있다.

초등 책 읽기, 대입까지 좌우한다

"책 읽는 민족은 번영하고, 책 읽는 국민은 발전한다."

―안병욱, 한국 철학자 및 수필가

대학 입시가 달라지고 있다. 공교육 정상화와 지나친 사교육 예방을 위해 대외 수상 실적이나 활동 실적을 제출할 수가 없다. 따라서 학교의 생활기록부와 자기소개서가 대입에서 중요한 자료들이 되었다.

생활기록부에는 '독서 활동 상황'에 대해 쓰는 칸이 있다. 여기에는 학생들의 독서 활동에서 특이할 만한 내용을 서술한다. 주로 독서 활동을 통해서 새롭게 깨달은 것이나 발견한 것, 문제 해결에 도움이 된 내용 등이다. 독서 활동을 왜 하게 되었는지, 어떤 책을 선정

했는지, 어떻게 독서를 했는지, 읽으면서 어떤 깨달음이 있었는지, 문제 해결에 어떻게 도움이 되었는지, 독서를 통해 자신이 어떻게 변화되었는지 등에 대해 교사가 학생과의 상담을 통해 서술한다.

독서는 수능에도 도움이 된다. 수능 언어 및 논술 전문가인 최인호는《1등급 공부 습관》에서 독서력이 부족한 학생은 수능 언어영역에서 고득점을 받을 수 없다고 말한다. 언어영역의 핵심은 정확한 지문 독해력인데, 평소 어려운 문학 및 비문학 지문과 책을 읽으며 작품의 구조적 원리를 파악하는 훈련이 되어 있지 않으면 정확한 독해가 어렵기 때문이다. 그는 더 나아가 논술이나 외국어영역 또한 독서를 꾸준히 한 사람이라면 지문을 논리적으로 빠르게 독해할 수 있다고 말한다.

사회탐구영역, 과학탐구영역 역시 마찬가지다. 폭넓은 독서 및 관련 분야의 책을 읽으며 핵심 개념이나 흐름을 파악하는 것이 중요하다는 것이다. 고득점을 위해서는 개념을 아는 것보다 새로운 상황이나 사실에 개념을 적용하는 것이 중요한데, 교과서를 벗어난 폭넓은 독서를 통해 이런 문제를 해결할 수 있다고 한다.

특히 최인호는 수능에서 배경지식보다는 문제 해결력, 응용력, 사고력이 중요하기 때문에, 배경지식을 넓히기 위한 다독보다는 좋은 책 한 권을 정독해서 한 달 동안 읽는 것이 좋다고 말한다. 반복 독서를 통해 책을 완벽하게 이해하는 것이 중요하며, 자신의 수준보다 조금 더 높은 책을 읽어 새로운 내용을 이해하면서 논리적 사고력과 분석력을 기르는 것이 중요하다고 말한다.

대학의 수시 전형 선발을 보면, 전체 대학 중에서 논술 위주로 선발하는 곳의 비율은 낮지만, 주요 15개 대학 중에는 논술 위주의 선발을 하는 곳이 상당히 많다. 상위권 대학에 진학하기 위해서는 논술이 중요하다는 뜻이다. 입학사정관 제도인 '학생부 종합' 비율도 주요 15개 대학은 비율이 높은 편이다. 특히 입학사정관들은 독서 능력을 중요한 평가 요소로 본다. 그들은 독서 능력에 대해 크게 세 가지를 보는데 얼마나 독서를 많이 했는지를 보는 '다독량', 어떤 책을 읽었는지를 보는 '독서 범주', 독서를 얼마나 꾸준히 했는지를 보는 '지속성'이다. 서울대 입학 전형 관계자는 독서에 대해 다음과 같이 설명했다.

"독서는 기본 소양입니다. 학생부에 기재된 독서 상황, 자기소개서의 독서 항목을 모두 확인합니다. 글의 주제를 파악하는 능력, 문제 해결 능력, 의사소통 능력 등은 성공적인 대학 생활을 위한 출발점이며, 학업 능력을 뒷받침하는 중요한 자료라고 보고 있습니다."

이를 통해 독서가 대입에도 상당히 중요한 비중을 차지함을 알 수 있다. 독서 활동을 비롯한 실적 기록은 스펙이 많은 학생이 결코 유리하지 않다. 입학 관리처는 학교 교육을 충실히 받은 학생을 선발하고, 동기와 과정, 결과를 모두 종합해 평가하는 방식이라고 설명했다.

특목고나 대입의 자기소개서 양식에도 독서 활동과 관련하여 다음과 같은 문항이 포함된다.

"읽은 책 중 자신에게 가장 큰 영향을 미친 책을 순서대로 3권 이내로 기술하시오."

얼마 전 하버드대학교 진학을 꿈꾸던 한 학생은 꿈에 그리던 SAT

만점을 받았다. 그러나 대학 측에서는 예상치 못한 참담한 결과를 보내왔다.

"전공과 관련된 분야의 책을 읽고 고민한 흔적이 부족함."

결국 그 학생은 시험에 만점을 받고도 꿈에 그리던 대학에 떨어지고 말았다.

특목고 진학의 성공 여부는 관련 과목의 내신 성적, 자기소개서, 면접이 당락을 좌우한다고 할 수 있다. 외국어 관련 특목고에서는 영어 성적을, 과학고는 수학과 과학 성적을 본다. 자기소개서는 자기주도학습 영역과 인성 영역으로 나뉜다. 자기주도학습 영역에서는 평소 어떻게 공부했는지, 다른 사람들과 어떻게 협력하며 공부했는지를 평가한다. 이때 사교육 의존이 아닌 스스로 얼마나 관련 분야를 고민하며 공부했는지를 밝혀 두면 좋다. 인성 영역에서는 봉사활동이나 동아리 활동에 대해 평가한다. 이때 사회를 위한 나눔이나 봉사 정신을 밝히면 좋다. 마지막으로 면접 때 자기소개서를 바탕으로 총체적인 평가를 하게 되는데, 바로 여기에서 당락이 좌우된다고 볼 수 있다. 면접에서는 자신의 진로에 대한 철저한 계획을 세우고 그에 관한 노력을 하고 있는지를 평가한다. 평소 어떤 분야의 책을 읽고 어떤 꿈을 꾸고 어떤 고민을 했는지, 존경하는 인물에 관한 책을 읽고 어떤 점을 배우고 싶고 앞으로 어떤 활동을 하고 싶은지 등을 상세히 밝히면 좋다. 심층적인 독서가 바탕이 된 학생이라야만 면접관의 날카로운 질문에 깊이 있는 대답을 할 수 있다.

이를 위해 개인적으로 독서 포트폴리오를 준비하는 학생도 있다.

영어 공부에 흥미가 있는 6학년 지현이는 영어로 된 신문과 소설을 읽고 포트폴리오로 정리해 나가고 있다. 인상 깊은 기사를 스크랩하고 느낌을 쓴다. 또한 영어로 된 책을 읽고, 감명 깊었던 문구를 적고, 자신의 생각을 덧붙이거나, 주인공에게 영어로 편지를 쓴다.

재현이는 경제 관련 분야에 관심이 많다. 앞으로 사업가가 되는 것이 꿈이어서 경제 관련 학과에 진학하고 싶다는 목표를 세웠다. 신문에서 경제와 관련된 기사를 스크랩해서 자기의 생각을 쓰고 있다. 또한 스티브 잡스나 워런 버핏의 전기를 읽고 독후감을 쓰는 등 자신의 관심 분야나 진로 학과와 관련 있는 분야에 집중해서 포트폴리오로 정리하고 있다.

이때 활용할 수 있는 사이트가 '독서교육종합지원시스템'이다. 학생들은 웹 사이트에 접속해 다양한 독후 활동을 기록으로 남기고, 원하면 포트폴리오 형식으로 출력할 수도 있다. 이곳에는 감상문 쓰기부터 독서 퀴즈, 독후 그림, 생각 키우기, 인터뷰, 개요 짜기, 일기 쓰기, 동시 쓰기, 편지 쓰기 등 다양한 독후 활동 형식이 제공된다. 이곳을 통해 초·중·고 12년 동안의 독서 이력을 누적할 수 있다.

독서 기록을 할 때 중요한 것은 얼마나 많이 읽었는지보다는 어떻게 읽었는지가 중요하다. 진로와 연관이 있는 책을 꾸준히 읽었다는 것을 보여 줘야 한다. 짧은 기간에는 준비하기 어려우므로 어려서부터 하는 것이 좋다. 초등학교 때는 다양한 분야에 관심을 두는 폭넓은 독서를 하고, 중학교부터 관심 분야에 관한 독서 이력을 쌓아 가는 것이 좋다.

책 읽기는 가장 강력한 내공

"독서가 정신에 미치는 영향은, 운동이 육체에 미치는 영향과 다름없다."
— 에디슨, 미국 발명가

　삼성경제연구소가 빌 게이츠 같은 미국의 백만장자들을 대상으로 연구한 결과, 그들의 공통된 특징 중 하나는 '독서광'이라는 사실이었다. 게이츠의 말대로 독서는 다른 이의 생각을 뛰어넘는 참다운 지식과 깨달음을 준다.

　어릴 적 뇌척수막염으로 듣지도, 보지도, 말하지도 못하는 장애를 가졌던 헬렌 켈러도 앤 설리번 선생님의 도움으로 글을 익히고 말을 배웠다. 글을 배운 후로 그녀는 많은 책을 읽으며 세상을 배워 나갔고 세상의 아름다움을 느꼈다. 그녀는 문학책을 읽는 기쁨을 이렇게 표현했다. "문학은 나의 이상향이다. 여기에서는 내 권리를 박탈당하지 않는다. 감각의 어떤 장애물도 달콤하고 우아한 내 친구인 책들의 이야기로부터 나를 막을 수 없다."

그녀는 책을 읽고 느낀 이 아름다운 세상을 위해 자신이 무엇을 할 수 있을까 고민했다. 그녀는 자신이 삼중 장애를 딛고 일어선 것처럼 다른 사람에게도 희망이 되어 주고 싶었다. 헬렌 켈러는 설리번 선생님과 독서의 힘으로 세계 곳곳을 다니며 희망을 전해 주는 강연을 하고, 책을 쓰는 사람이 되었다. 여성의 권익을 위한 사회운동도 펼치고, '헬렌 켈러 인터내셔널'이라는 단체를 설립해 비전과 건강, 영양에 대한 연구 사업도 펼쳤다.

역경을 이겨 낸 사람들의 이야기는 다른 그 무엇보다 읽는 사람들에게 강한 힘을 주고, 더 열심히 살도록 동기부여를 해 준다. 실제로 힘든 사고를 겪은 사람들에게 상담을 통해 다시 그 일을 상기시키는 것보다 책을 읽거나 글을 쓰는 활동이 심리 치료에 더 효과적이라는 연구 결과도 있다.

이렇듯 독서는 마음의 병을 치료한다. 책 속에 등장하는 인물들과 자기 자신과의 유사점을 발견해 나가는 것을 시작으로 책 속의 인물들의 사고와 감정들을 같이 공유하며 자신의 감정을 등장인물에 이입하게 된다. 이러한 감정과 사고의 이입은 책의 줄거리가 끝날 때까지 계속된다. 그 과정에서 자신이 가지고 있는 좋지 않은 감정에 대한 이해가 책 속의 인물의 감정을 통해 대신 이루어지고 자신의 어려운 처지에 대한 객관적 인식과 문제 해결에 도달하게 된다.

책을 많이 읽은 아이는 인성 교육을 따로 하지 않아도 된다. 책에 나온 훌륭한 인물들은 건전하고 옳은 생각을 갖고, 그것을 행동으로 옮기는 사람들이다. 그런 것을 보면서 생각이 바로잡힌 아이들은 쉽게 나쁜 행동을 하지 않는다. 우리가 살아가는 현실에서는 기억하고 계산하는 능력보다 인내심, 동정심, 지구력, 절제력, 도덕심 등이 더 필요하다. 이러한 인성을 향상시키는 데에 독서가 필수적인 요소가 된다. 책을 읽으면 책의 등장인물이 되는 간접 경험을 하고, 이는 상상력을 높이고 인내심과 용기를 북돋기 때문이다.

책은 인생관을 만들어 준다. 성인이 되어서도 제대로 된 인생관이 없는 경우가 많다. '나는 무엇에 가치를 두고 인생을 살아갈 것인가?'에 대한 자기만의 생각이 없는 것이다. 하지만 훌륭한 위인들의 이야기를 읽으면서 어떤 삶이 가치 있는지를 배울 수 있다. 그들은 돈만 추구하거나 자기 자신만을 위해 살지 않았다. 그들은 더 높은 이상, 다른 사람도 함께 행복할 수 있는 방법을 고민했고, 많은 역경을 헤쳐 나가며 목표를 이루었다. 그런 위인들의 삶, 성공한 사람들의 삶을 보면서 자신의 인생관을 형성하고, 더 큰 꿈도 꿀 수 있다. 책 속의 위대한 사람들은 개인의 안위, 성공이 아니라 인류를 위한 꿈을 꾼다. 그들의 삶에 감동을 받으면서 '아 나도 인류를 위해 어떤 일을 할 수 있을까?'를 고민하고, 큰 꿈을 가진 사람으로 성장할 수 있다.

인류의 성자라 불리는 슈바이처 박사도 어릴 적 아버지가 읽어 준 책에서 아프리카에서 고통받고 있는 사람들의 이야기를 접하게 되었고, 이후 그들을 위한 삶을 살겠다는 꿈을 품었다. 성인이 된 그는 무엇을 할 수 있을지 고민하다 29세의 나이에 의사 자격증을 따서 아프리카로 떠났다. 그는 자신의 안위가 아니라 인류의 행복을 생각했고, 세상 모든 사람들의 존경을 받는 위대한 인물이 되었다.

이렇듯 책을 통해 인류를 위한 꿈을 키우면, '나만 잘살면 돼'라는 좁은 생각을 버리고, 좀 더 넓은 시각을 가질 수 있게 된다. 사소한 일로 욕심을 채우기보다는 다른 사람들과 협동하고, 어떻게 하면 더 나아질 수 있을까를 고민하고, 함께 해결 방법을 찾는 사람으로 성장한다. 그리고 동네의 평범한 의사가 아닌 인류에게 존경받는 위대한 사람으로 성장할 수 있는 씨앗을 가슴속에 품고, 그 싹을 틔우기 위해 부단히 노력할 것이다.

책 읽기는 창의성 향상에도 큰 영향을 미친다. 유아들을 대상으로 한 창의성 검사 결과, 책을 많이 읽을수록 창의성이 높은 것으로 나타났다. 미술, 블록 놀이를 하는 경우가 다음 순이고, 책을 읽지 않은 유아는 창의성이 평균 이하였다. 특이한 점은 그림책이나 동화책을 읽는 경우가 유아용 정기 간행물을 읽는 경우보다 더 창의성이 높게 나왔다는 것이다. 이는 책이 유아의 창의성 발달에 더 효과적이라는 것을 암시한다.

책이 주는 가장 좋은 점은 즐거움일 것이다. 아무리 유용한 책이라도 즐거움을 느낄 수 없다면 지속되기 힘들 것이다. 좋은 책을 만났을 때의 즐거움과 주인공의 정의, 용기, 희생에서 얻는 감동은 어떤 기쁨보다 강력하다. 책을 읽는 동안 얻게 되는 즐거움과 감동의 자극은 책을 읽지 않은 순간에도 지속되고, 건강한 마음의 자양분이 된다.

이렇듯 독서는 가장 건강한 습관이다. 신체 건강을 위해 매일 꾸준히 운동하는 것처럼, 정신 건강과 마음의 건강, 두뇌 건강을 위해 매일 꾸준히 책 읽기를 해 보자. 평생 가는 좋은 습관이 될 것이다.

독서 습관이 곧 공부 습관

"오늘날의 나를 만든 것은 동네 도서관이다. 문자 텍스트는 여전히 세부적인 내용을 전달하는 최선의 방식이다. 나는 평일에는 매일 밤 1시간, 주말에는 3~4시간 동안 독서하려고 노력한다. 이런 독서가 나의 안목을 넓혀 준다."

—빌 게이츠, 마이크로소프트 창립자

준수는 수업 시간에 선생님의 말씀을 하나도 놓치지 않고 듣는다. 발표를 많이 하는 편은 아니지만, 매 시간마다 주어진 과제를 최고로 해낸다. 방과 후에 따로 공부를 많이 하지 않아도 단원평가나 중간, 기말고사에서는 늘 반에서 1, 2등을 차지한다. 이런 준수의 비결은 무엇일까?

준수는 아침 자습 시간에 고도의 집중력으로 책을 읽는다. 교사가 조용한 독서 분위기를 조성해도, 20분 중에서 10분 이상을 책을 고르는 데 허비하는 아이, 계속해서 책을 바꾸러 돌아다니는 아이, 물건을 정리하느라 바쁜 아이, 친구와 이야기하는 아이 등 아침 몰입 독서 시간에 진짜 몰입해 책을 읽는 아이는 얼마 되지 않는다. 그러나 준수 같은 아이는 이런 상황에서도 몰입을 잘한다. 평소 독서 습관이 잘 형성되어 있기 때문이다.

독서 습관이 잘 형성된 아이는 집중을 잘한다. 아침 자습 시간뿐 아니라, 수업 시간에도 집중을 잘한다. 책에 빠져든 경험과 습관이 다른 영역에도 확장된 결과다. 자연히 방과 후에 따로 공부를 열심히 하지 않아도, 수업 시간 동안 밀도 있게 공부했기에 성적도 좋다.

미국의 마르셀 저스트 박사팀은 책 읽기에 문제가 있는 어린이에게 6개월간 책 읽기를 통해 읽기 능력을 높이는 교육을 시켰다. 그후 검사 결과, 뇌의 신경 신호 전달 속도가 10배 빨라지고, 뇌가 중요한 정보를 더 효율적으로 전달하도록 바뀌었다고 한다. 이처럼 책 읽기는 뇌의 속도를 더 빠르게 해서 흔히 말하는 '공부 두뇌'로 바꾸어 준다.

독서 습관이 잘 형성된 아이들은 자기주도학습도 잘한다. 책 읽는 것은 주체적인 행동이다. 물론 엄마가 시켜서 책 읽기를 시작했을 수도 있지만, 책을 계속해서 읽는 행위는 끈기와 노력을 필요로 한다. 그렇게 다른 활동을 포기하고 차분히 앉아서 책을 읽는 습관이 형성된 아이는 공부도 주도적으로 할 수 있다. 공부도 대부분 책으로 한다. 공부할 때 읽는 책은 평소 읽는 책보다 조금 더 딱딱하긴 하지만, 수업 시간에 선생님의 설명을 한 번 들었기 때문에 소화하기 어렵지 않다.

실제로 교육개발원에서 전국 중·고등학생을 대상으로 한 설문 조사에서도 독서 환경과 학업 성취도 사이에 상관관계가 높다는 것이 밝혀졌다. 성적 상위 10퍼센트 학생들의 35.1퍼센트는 매일 꼬박꼬박 신문을 읽었지만, 그렇지 않은 경우는 15.2퍼센트에 그쳤다. 또 상위 20퍼센트의 학생 대부분은 부모와 함께 서점을 자주 드나들고, 어려서부터 책 읽기를 좋아했다고 답했다. 상위 10퍼센트의 학생들은 그렇지 않은 그룹보다 한 달 동안 읽는 책의 권수가 많았다. 집에는 100권 이상의 교양·전문 서적을 소장하고 있다고 답했다. 이는 학교 성적과 독서 습관, 독서 환경이 중요함을 알려 주는 단적인 예라 하겠다.

반면 심각한 학습 부진을 보이는 아동의 경우도 독서 능력 부족이 그 원인이다. 초등학교 1학년은 99퍼센트, 2학년은 90퍼센트, 3학년은 70퍼센트가 독서 능력 부족으로 인해 학습 부진을 겪는 것으로 밝혀졌다.

흔히 학부모들이 독서는 국어 실력에만 좋은 영향을 미친다고 생각하는데, 독서를 많이 하는 학생들 중에서 수학이나 과학 영재가 많다. 독서를 하면서 새로운 어휘를 배우고, 글을 이해하고, 배경지식을 동원하고 생각하면서 사고력, 분석력, 논리력, 추리력 등 종합적인 사고력이 발달하기 때문이다.

"자식에게 물고기를 잡아 주면 한 끼의 식사를 해결해 주는 것이지만, 물고기 잡는 법을 가르쳐 주면 평생의 식사를 해결해 주는 것이다"라는 유태인 속담이 있다. 책 읽기를 가르치는 것은 지식을 얻는 방법, 즉 물고기 잡는 법을 알려 주는 것이다. 당장 눈앞의 지식 외우기에 급급하기보다는 독서 습관을 갖도록 해 주는 것이 지식을 얻는 방법과 사고력을 향상시킬 수 있는 방법이다.

"독서를 많이 하면 공부할 시간이 줄지 않나요?"

이런 말을 하는 부모들을 보면 안타깝다. 독서가 놀라운 효과를 가지고 있지만, 부모와 학생들은 책 읽기보다 당장 눈앞에 닥친 시험과 학교 진도에만 연연하기 때문이다. 초등학생은 다른 것보다 독서를 가장 우선순위에 두어야 한다. 중학생은 학교 공부 외에 독서할 시간을 30퍼센트 이상 확보하는 것이 좋다.

특히 중·고등학교에 가면 독서를 거의 하지 않는 경우가 많은데, 틈틈이 신문 칼럼 읽기와 교과서에 수록된 글의 원전을 찾아 읽는 것을 권하고 싶다. 흔히 시간을 단축하기 위해서 본문을 요약해 놓은 책을 읽는데, 이보다는 원전을 읽는 것이 좋다. 교과서 뒤에 나오는 참고문헌을 보고, 관련 책의 원전 전체를 읽으면 된다. 중학생이라면 고등학교 때 배울 내용을 방학 기간을 이용해 미리 찾아 읽기를 권한다.

책 읽기가 공부로 자연스럽게 이어지는 순간 엄마가 적절한 공부법을 조언해 주면 아이는 더 쉽고 즐겁게 공부할 수 있다. 그것은 바로 '4단계 학습법'이다.

1단계는 학교에서 수업이 끝나고, 또는 끝나기 전 2~3분 동안 배웠던 것을 훑어보는 것이다. 중요한 핵심 위주로 한번 훑어보면 기억을 좀 더 오래 유지할 수 있다.

2단계는 집에서 그날 배운 내용을 복습한다. 이때도 초등학교의 경우 과목별로 5~10분의 시간을 투자하면 힘들이지 않고 할 수 있다. 두꺼운 전과나 참고서보다는 수업 시간에 배운 교과서를 통해 복습하는 것이 좋다. 시험문제는 거의 교과서에서 출제된다. 교과서의 그림, 작은 설명 하나도 놓치지 않고 보는 것이 좋다. 대개 하나의 주제나 학습 목표를 여러 자료를 통해 설명하고 있으므로, 주제에 따라 핵심 내용이 무엇인지 찾는 연습을 하면서 읽으면 좋다.

3단계는 주말에 다시 한 번 보는 것이다. 그 주에 배웠던 부분을 문제집의 문제를 풀어 보면서 복습하는 것이 좋다. 분량이 너무 많을 경우 평소에 나눠서 풀고, 주말에는 틀린 문제 위주로 보거나, 교과서를 다시 한 번 보는 것도 좋다.

4단계는 시험 기간에 다시 한 번 복습하는 것이다. 교과서를 꼼꼼히 여러 번 읽고, 개념을 정리하는 것이 좋다. 또한 문제집은 그동안 풀었던 것을 틀린 문제 위주로 다시 한 번 보는 것이 좋다. 시간이 부족하다면 많은 문제를 풀기보다는 모르는 것을 하나라도 제대로 알고 넘어가는 것이 좋다.

이렇게 4단계로 공부한다면 기억은 장기 기억으로 저장되고, 언제든지 꺼내서 활용할 수 있는 지식이 된다. 중요한 핵심은 적은 시간을 들여, 매일 조금씩, 반복해서 하는 것이다.

학습에 도움이 되는 사이트

- 에듀넷(www.edunet.net): 학년별 교과학습 자료, 인성진로 직업 관련 자료, 디지털 교과서 등 제공
- 어린이동아(kids.donga.com): 어린이뉴스, 학습 만화, 신문 활용 교육 자료 제공
- 소년조선일보(kid.chosun.com): 어린이 영어 뉴스, 학습 관련 기사, 학습 만화 제공
- 소년한국일보(kids.hankooki.com): 영어 기사 음성 파일, 신문 활용 교육(NIE) 자료 제공, 문화 체험 정보 제공

책 읽기로 선행 학습도 척척척

"독서는 집안을 일으키는 근본이다."　　　　—《명심보감》, 조선 시대 한문 교양서

"우리 아이는 벌써 중학교 수학을 다 끝냈잖아."

"고등학교 수학은 중학교 때 다 끝내고 가야 뒤처지지 않는다니까."

엄마로서 주변에서 이런 말을 들으면 당장 선행 학습을 많이 시키는 학원을 찾아서 보내고 싶을 것이다. 저렇게 공부하고 있지 않은 우리 아이가 불안하기만 하다. 그러나 수학은 단계 학습이다. 기초가 부실하다면 모래 위에 쌓은 집처럼 흔들리고 무너질 수밖에 없다. 진도를 빨리 나가고, 많은 문제를 풀어야 좋은 줄 알고 많은 문제집을 겉핥기식으로 풀기보다는, 한 문제라도 문제를 정확하게 이해하고 정답이 도출되는 원리를 알면 비슷한 유형의 문제도 해결할 수 있다.

선행 학습을 위주로 하는 사교육 기관의 종사자들도 이런 진도를 소화할 수 있는 아이는 거의 없다고 말한다. 실제로 고등학교 전교 1등들의 이야기를 들어 보면 수학 문제를 스스로 풀 수 있을 때까지 반복해서 푼다는 이야기를 많이 한다. 다 푼 후에는 답지와 비교하며 다른 방법이 있는지, 자신이 푼 방법과 비교해 보면서 더 효율적인 방법도 알아 둔다. 이렇게 한 문제에 공을 들이면 자신감이 생기고, 스스로 해낸 것이기 때문에 쉽게 잊어버리지 않는다.

초등학생 때는 수학을 평소에는 진도에 맞게 풀고, 여유가 있다면 심화 문제집을 한 권 더 구입해 두 권을 동시에 풀도록 한다. 그리고 틀린 문제는 주말이나 시험 기간을 이용해 충분히 반복해서 학습한다. 특히 수학은 많은 문제를 풀기보다는 반복이 중요하다. 틀린 문제는 다음에도 틀리기 쉽기 때문이다.

요즘에는 스토리텔링 수학이라고 해서, 긴 글 속에서 문제를 찾고 답을 구해야 하는 유형이 많다. 그러므로 수학 동화나 수학의 원리를 쉽게 설명해 주는 책들을 많이 읽으면 도움이 된다. 무작정 공식이나 개념을 외우면 쉽게 잊어버리지만, 이야기 속에서 공식이나 개념을 배우면 오래 기억할 수 있고, 수학을 딱딱하고 어렵게 느끼지 않게 된다. 이런 방법이라면 선행을 추천한다. 수학 개념을 글의 문맥 안에서 배우기 때문이다.

다른 과목도 마찬가지다. 고학년이 되면 사회나 과학을 어려워한다. 특히 사회는 외울 것이 많다고 생각해 겁부터 먹는 경우가 많다. 사회의 다양한 개념들을 외우려고 한다면 정말 지루하고 어려운 과목이 된다. 그러나 책을 통해 이야기로 배운다면 이것만큼 재미있는 과목도 없다. 5학년에 배우는 역사는 어려운 개념과 연도, 인물 등 외워야 할 내용들로 가득하다. 그러나 미리 4학년 방학 기간을 이용해 역사 만화나 역사에 관한 책을 읽어 둔다면 공부할 때 어렵지 않게 이해할 수 있다. 이야기로 이해한다면 자연스럽게 머릿속에서 역사의 흐름이 그려지기 때문이다.

과학도 마찬가지다. 과학을 이론으로만 배우고 외운다면 잘 이해되지도 않을 뿐 아니라 금세 잊어버린다. 그러나 과학 관련 책으로 원리를 알아 둔다면 이해도 잘되고, 오랫동안 기억할 수 있다. 과학 만화도 추천한다. 그림과 같이 보면 더 쉽게 이해되기 때문이다.

PLUS +

만화책으로도 비판적 읽기가 가능하다

만화책 읽기는 또래 문화에 적응하는 한 과정이다. 또래들과 함께 그 시기에 유행하는 만화책을 읽는 것은 그 시기에 겪는 자연스러운 통과의례이므로 아이의 흥미와 욕구를 자연스럽게 인정해 주는 것이 좋다.

그래도 만화책만 너무 많이 보는 아이가 걱정스럽다면, 만화책을 부모가 함께 읽고 내용에 대해 비판해 보자. 지나치게 흥미 위주로 구성되어 있다든지, 내용이 과장 혹은 축소되어 있다든지 등의 비판은 좋은 토론 자료가 될 것이다. 부모와 함께 만화책을 보면서 이야기를 나누고, 비판적으로 읽으면 아이도 차츰 좋지 않은 내용 등을 가려내는 판단력을 키울 수 있다.

만화책만 좋아하는 아이,
어떻게 할까요?

"우리 아이는 만날 만화책만 읽어요. 그래도 괜찮을까요?"

학부모 상담을 할 때면 꼭 받게 되는 질문이다. 나는 만화책을 읽는 것도 나쁘지 않다고 생각한다. 만화책이 아이가 책을 좋아하게 만드는 계기가 될 수 있다는 점 때문이다. 만화책에 재미를 느낀 아이는 자연스럽게 책 읽기에도 관심을 갖게 된다. 아직 책 읽기를 좋아하지 않는 아이라면 학습 만화로 접근하는 것도 좋은 방법이다.

만화는 어려운 내용을 쉽게 이해할 수 있도록 도와준다. 역사나 세계사, 삼국지, 그리스·로마 신화 등의 내용을 딱딱한 책으로 접하면 이해하기 어렵다. 그러나 만화책으로 한 번 읽은 후에 글로 된 책을 읽으면 쉽게 이해된다.

만화는 배경지식을 넓히는 데도 도움이 된다. 만화 삼국지, 과학 만화 시리즈, 위인전 시리즈, 만화 한국사, 만화 세계사 등을 읽으며 아이들은 자연스럽게 지식을 쌓아 갈 수 있다. 이는 나중에 책으로 어려운 내용을 접할 때 큰 그림을 이해하는 데 도움이 된다. 만화로 큰 틀을 살폈다면 책으로 좀 더 자세한 내막을 알 수 있는 것이다.

만화는 글과 그림이 함께 있기 때문에 내용을 쉽게 기억하는 데에도 도움이 될 수 있다. 나중에 공부할 때 만화에서 본 그림과 재미있는 대사 등이 떠오르면서 이해하는 데 도움이 된다.

그러나 만화책 중에서 단순히 흥미만을 위한 만화 시리즈나 공포 시리즈, 순정 만화 등은 흥미를 위해 가끔 읽는 것은 괜찮겠지만, 권장할 만한 것은 아니므로 일부러 사 주지는 말자. 이런 책들은 내용이 지나치게 과장되거나 선정적이기 때문이다.

전문가들 중에 만화책 읽기가 좋지 않다는 의견도 있다. 그들이 내세우는 이유 중에 가장 핵심적인 것은 만화는 표현이 제한적이고, 습득할 수 있는 어휘도 한계가 있다는 것이다. 그들이 예로 드는 것은 역사 만화의 전쟁 장면에서 "얍!" "받아랏" 등으로만 표현되어 있다는 것이다. 그러나 만화 중에는 어른들이 보아도 손색이 없을 정도로 양질의 정보를 주고 있는 책들도 많다. 《먼 나라 이웃 나라: 스위스》에서는 종교전쟁 부분을 이렇게 설명하고 있다.

"마르틴 루터로부터 비롯된 종교 개혁 운동은 가톨릭을 믿는 온 유럽의 나라들로 번져 가톨릭을 버리고 신교를 믿는 사람들이 크게 늘자 유럽의 여러 나라들은 큰 불안감에 휩싸였어. 신교들은 노골적으로 사회 제도나 정치 제도를 바꿀 것을 요구하고 나서서 왕의 권력을 크게 흔들어 놓았지."

이렇듯 좋은 만화는 양질의 어휘와 역사적 핵심 사실을 진술하고 있다.

만화는 그림이 있어서 아이들의 상상력을 제한한다는 주장도 있는데, 내 생각은 다르다. 그림이 있기 때문에 더 재미있고, 이해도 잘된다. 아이들은 만화의 그림을 머릿속에서 살아 움직이는 동영상으로 재생하면서 상상력을 키운다.

그러나 아무리 좋은 점이 많다고 해도 너무 편식하면 탈이 날 수 있다. 그렇다고 무 자르듯이 단칼에 만화책을 못 읽게 하면 아이의 독서 의욕을 아예 꺾어 버릴 수 있다. 무조건 만화책을 못 보게 하면 책을 더 멀리하는 결과만 가져온다. 그렇다면 어떻게 해야 할까?

우선은 전문가가 집필하거나 감수한 책을 고르자. 그러면 내용면에서 어느 정도 안심할 수 있기 때문이다. 또한 만화를 먼저 읽고 나면 나중에 줄글로 된 책도 어렵지 않게 읽을 수 있다. 내용은 이미 알고 있는 것이 많고, 또 만화책과 비교하며 보는 재미도 느낄 수 있기 때문이다.

단, 만화는 흥미 유발과 이해를 위해 초기 단계에 권장할 만한 책이므로, 아이가 몇 년째 만화만 읽고 줄글로 된 책을 읽지 않는다면 적극적으로 엄마가 나서서 책을 읽도록 도와주는 것이 좋다. 만화책을 아예 보지 못하게 하는 것이 아니라, 만화책과 줄글로 된 책을 적절히 조화해서 읽도록 해 주는 것이다. 줄글로 된 책을 읽었을 때는 더 많은 칭찬과 보상을 해 준다.

만화만 읽으려고 하는 아이에게 책 한 권을 먼저 읽고 만화책을 읽으라고 조언해 주자. 또한 만화책을 사 주는 사람은 결국 엄마이므로, 글로 된 책을 많이 사 주고, 만화책을 덜 사 준다면 자연스럽게 만화만 읽는 습관을 책 읽는 습관으로 유도할 수 있다.

PART 3

흥미 키우기,
최고의
독서 교육

아이들은 왜
책을 읽지 않을까?

"시간이 없어서 공부하지 못한다고 하는 사람은 시간이 있어도 공부하지 못
한다." —《회남자》, 중국 철학서

2012년 국민 독서 실태에 따르면 학생들이 책을 읽지 않는 이유
는 다음과 같다. 1위는 독서 습관 부족, 2위는 학교와 학원 수업 때문
에, 3위는 영상 매체 이용 때문에, 4위는 어떤 책을 읽을지 몰라서다.

이 통계 자료를 보면 독서 습관을 형성하는 것이 얼마나 중요한지
알 수 있다. 습관이 되면 힘들이지 않아도 저절로 독서를 하게 되기
때문이다. 습관은 자동화 시스템이다. '독서해야 돼, 해야 돼' 하면서
억지로 하는 아이와 '심심한데 책이나 읽어야지' 하는 아이는 천지
차이다. 독서 습관이 형성되어 있지 않으면 엄마도 끊임없이 잔소리

74

를 해야 해서 힘이 들지만, 습관이 형성되면 스스로 알아서 독서를 하니, 그런 모습을 보면 엄마는 흐뭇해진다.

습관이 형성되지 못하는 가장 큰 이유는 아이가 책 읽는 재미를 알지 못한 경우다. 독서 경험이 많지 않은 아이들이 대부분이다. 수업 시간에 교과서를 읽은 경험이나 누군가의 강요에 의해서 몇 번 읽은 것이 전부다. 또 다른 경우는 책보다 더 재미를 느끼는 것이 있기 때문이다. 게임이나 TV에 빠진 아이들은 강한 자극과 수동적인 반응에 길들여져 책 읽기라는 능동적인 행동을 하기 어렵다. 게임을 하거나 TV를 보는 일은 강한 시각과 청각 자극으로 특별히 노력하지 않아도 되지만, 책 읽기는 머리를 훨씬 많이 써야 하고 집중해야 하기 때문이다.

두 번째, 책 읽을 시간이 없다고 하는 경우다. 요즘 학생들의 일과는 성인도 소화하기 힘들 만큼 빡빡하다. 방과 후에는 학원이나 과외, 학습지 선생님을 만난다. 그렇게 7시가 넘어서 집에 돌아오면 식사를 하고 또 학원 숙제, 학교 숙제를 해야 한다. 그러고 나면 곧 잠자리에 들 시간이다. 피곤해서 책을 읽을 여유가 없다.

책은 비교적 컨디션이 좋을 때 더 잘 읽힌다. 피곤하면 머리를 많이 써야 하는 책 읽기를 할 수가 없다. 학교와 학원 수업 때문에 독서할 시간이 없다는 학생은 학원 시간을 줄이더라도 독서 시간을 확보했으면 좋겠다. 아이의 미래를 위해 지금 다니고 있는 학원이나 과외가 꼭 필요한지 꼼꼼히 검토해야 한다.

책 읽기를 싫어하는 이유는 무엇일까? 한국독서교육개발원에서 책 읽기를 싫어하는 학생들을 대상으로 설문조사를 실시한 결과 크게 네 가지 이유가 있었다. 책을 보면 머리가 아프다, 책을 읽어도 내용이 머리에 들어오지 않는다, 책이 아무 재미도 없다, 독후감을 쓰는 것이 두렵다 등이었다.

이것의 근본적인 이유를 살펴보면 어휘 부족으로 인해 책 읽기가 어렵기 때문이다. 어릴 때부터 수준에 맞는 독서를 해 온 아이들은 따로 낱말 공부를 하지 않아도 문맥 속에서 자연스럽게 어휘를 익힌다. 이런 아이들은 어려운 낱말도 알고 있어서 어느 정도 수준 높은 책도 소화할 수 있다. 그러나 책 읽는 습관이 들지 않은 아이들은 많은 어휘를 접할 기회가 없기 때문에 책을 읽으며 이해하지 못해 책 읽는 재미도 느낄 수 없다. 그저 글자를 읽는 행위에 지나지 않는다.

또한 부모가 수준에 맞지 않거나 너무 두꺼운 책을 읽히는 경우에도 아이들은 책 읽기에 흥미를 잃는다. 아무리 똑똑한 아이라도 어느 정도 아이의 발달 시기에 맞는 수준이 있다. 독서를 잘한다고 해서 어른들이 읽는 책을 준다거나, 딱딱한 백과사전을 읽으라고 하면 잘되지 않는다. 게다가 잘 이해되지도 않는 책을 읽고 무작정 독후감을 쓰라고 강요한다. 이러면 아이는 슬슬 책 읽기에 거부감을 느끼고 책을 멀리하게 된다.

그렇다면 우리 아이를 어떻게 책의 세계로 안내할 수 있을까? 어떻게 책을 좋아하는 아이로 만들 수 있을까?

답은 '성취감'에 있다. 처음에는 읽을 분량을 조금만 주어 아이가 성취감을 맛볼 수 있도록 해 준다. 아이가 꼼꼼히 읽지 않아도, 큰 소리로 또박또박 읽지 않아도 인정해 주자. 처음부터 모든 책을 꼼꼼히 읽으라고 강요하지 말자. 그리고 라벨링을 해 주자. 아이에게 'OO하는 아이'라는 바람직한 수식어를 붙여 주는 것이다. 이를 교육심리학적 용어로 '피그말리온 효과'라고 한다. 피그말리온 효과는 부모나 선생님의 기대에 따라 학습자의 성적이나 행동이 달라지는 것을 말한다. 실제로 미국의 한 초등학교에서 교장선생님이 한 선생님에게 꼴찌반을 맡기면서 최우수반이라고 일러주었다. 당연히 그 선생님은 최고의 아이들이 모인 반인 줄 알고 그들을 대했다. "우리 반은 학교에서 최고의 성적을 가진 아이들이 모인 반이야."

그런데 놀랍게도 학년 말에 다른 반들과 비교해 보니, 정말 그 꼴찌반이 최우수 학급이 되어 있었다. 지금 내 아이의 모습이 그렇지 않더라도, 어쩌다 한 번 잘한 행동을 보였을 때를 잘 포착해 칭찬을 해 주자.

"우리 OO는 책을 잘 읽는 아이구나."

그렇게 아이에게 자신이 책을 잘 읽을 수 있다는 것을 인식시켜 주자.

반대로 아이가 책을 읽기 싫도록 만드는 부모의 행동이 있다. 이런 행동은 의식적으로 피해야 할 것이다.

먼저 "그새 못 참고 또 돌아다니네. 책 읽을 땐 가만히 앉아서 집중 좀 해라"라며 질책하거나 강요하는 경우다. 아이가 어리거나 독서 습관이 제대로 형성되어 있지 않는 경우 집중 시간이 짧다. 그때 무조건 앉아 있기를 강요하기보다는 이렇게 말해 보자.

"엄마랑 함께 끝까지 한번 읽어 볼까?"

아이는 엄마와 함께라면 좀 더 오랜 시간 집중할 수 있다. 그리고 짧은 책이라도 한 권을 끝내면 보람과 성취감을 느낄 수 있다.

둘째는 책을 읽어 주면서 장황하게 설명하는 경우다. 아이의 사고의 흐름과 궁금증을 무시한 채 너무 길게 설명하면서 책을 읽으면 아이는 책에 질리기 쉽다. 책에도 정보와 기억할 거리가 많아 머리가 아픈데, 부모의 설명까지 들어야 하기 때문이다. 설명은 아이가 궁금해할 때만 해 주고, 오롯이 책에만 집중할 수 있도록 도와주자. 이와 비슷하게 책을 읽으면서 내용을 확인하는 질문을 계속하는 것도 아이에게 부담을 준다.

셋째는 "책 다 읽었니? 그럼 독후감 써라"라며 독후감 쓰기를 강요하는 것이다. 아이들 중에는 독후감 쓰기가 싫어서 책 읽기를 싫어하는 경우가 많다. 꼭 독후감을 쓰고, 읽은 책의 목록을 정리해야 책이 아이의 것이 되는 것은 아니다. 어떤 책은 감동을 받는 것으로, 어떤 책은 재미로, 어떤 책은 지식 하나를 얻은 것으로 충분하다. 독후 활동은 학교에서 요구하는 수준만 성실히 지키도록 하거나, 일주일에 한두 편만 쓰도록 하자.

넷째, 책을 사 달라는 아이에게 "집에 있는 책이나 다 읽어"라며 핀잔을 주거나, 책을 사 준다면서 아이의 선택과 상관없이 일방적으로 골라 주는 것이다. 아이와 엄마의 눈높이와 욕구는 큰 차이가 난다.

가끔씩 아이에게 칭찬의 의미로 책을 선물하자. 그리고 아이에게 고를 수 있는 기회를 주자. 분명 아이가 책에 더 관심을 갖고 책 읽기를 즐거워할 것이다.

마지막으로 "밥 먹어라" "심부름해라"라며 책 읽는 아이의 흐름을 끊는 경우다. 아이가 한창 책에 빠져 있을 때 TV나 음악을 켜서 주의 집중을 흐리는 것도 마찬가지다. 물론 식사는 같이 해야겠지만 아이가 책에 푹 빠져 있다면 아이가 활동을 마치고 나서 함께 식사하는 것이 좋다. 물론 할 일은 미루고 책만 읽는 경우에는 부모의 개입이 필요하지만, 숙제부터 하고 책을 읽으라고 강요하기보다는 "읽고 있는 책이 있구나. 그럼 그 책 다 읽으면 꼭 숙제하렴" 하고 아이의 독서 욕구를 존중해 주는 것이 좋다.

지식보다는 감동을 추구하라

"책은 청년에게는 음식이 되고, 노인에게는 오락이 된다. 부자일 때는 지식이 되고, 고통스러울 때는 위안이 된다." —키케로, 로마 정치가 및 학자

"우리 아이는 책은 잘 읽는데, 물어보면 잘못 이해하고 있을 때가 많아요."

"우리 아이는 공부에 별 도움이 안 되는 책만 많이 읽어요."

이런 걱정을 하는 학부모에게 책은 지식 습득 그 이상이라는 것을 말해 주고 싶다. 삶의 영원한 진리는 '마음이 움직여야 실천할 수 있다'는 것이다. 공부를 포기한 듯한 아이도, 어떤 계기로 인해 몰라보게 달라져 딴 사람이 된다. 공부를 잘해서 전교 1, 2등을 다투던 아이도 고민이 생기고 마음에 그늘이 생기면 공부에 집중하지 못하고 성적이 떨어지는 경우도 있다.

어휘, 지식의 습득은 책을 많이 읽다 보면 자연스럽게 가능하다. 그러나 '아, 이 책의 주인공처럼 살아야겠다' '나도 한번 이렇게 해 봐야겠다' 하고 마음을 움직이는 책과 만나는 것은 쉽지 않다. 그러나 그 힘은 그 무엇보다 강력하다. 이런 책 한 권을 만나면 아이의 태도는 몰라보게 달라진다. 책 속에서 감동과 깨달음을 발견한 아이는 엄마의 잔소리도 누구의 강요도 필요하지 않다. 마음이 움직였기 때문에 스스로 자신의 미래를 위해서 움직일 수 있다. 지식보다 감동이 더 오래가고 힘이 강하다.

지인 중에 변호사가 있다. 학창 시절 그는 성적이 거의 꼴찌에 가까운 데다가, 온갖 말썽은 다 부리고 다녔다. 중·고등학교 시절 소위 '노는 친구'에 속했다. 불량 학생들과 몰려다니며 싸움만 하고 다녀 집안의 골칫거리였다. 그런 그가 장승수의《공부가 가장 쉬웠어요》를 읽고 달라졌다. 저자인 장승수도 자신처럼 힘든 가정환경에, 평탄치 못한 학창 시절을 보냈지만 막노동, 택시 운전, 배달을 하면서 악바리같이 공부한 모습을 보면서 그는 크게 감동받았다. 그가 그 책을 읽은 것은 고등학교 2학년 겨울방학이었는데, 그때부터 마치 다른 사람이 된 듯 열심히 공부하더니, 결국 법대에 진학했다. 한 번 성취감을 맛보자 대학 생활에서도 성실한 자세를 이어 갔다. 그는 결국 4학년 때 사법시험에 합격하는 놀라운 성취를 이루어 냈다.

필자는 이지성의《여자라면 힐러리처럼》을 읽고 인생이 달라졌다. 초등학교 교사였던 이 책의 저자는 아버지가 진 빚 때문에 어쩔 수 없이 힘든 교사 생활을 이어 갔다. 월급은 차압당하고, 얼마나 일해야 그 많은 빚을 갚을 수 있을지 막막하기만 했다. 그는 학창 시절부터 글을 쓰고 싶었는데, 아버지의 반대로 하지 못했다. 어쩔 수 없이 교대에 진학해 도서관에서 책과 고전을 보면서 하루하루를 버텼다. 임용고시에 합격한 후에도 작가로서의 꿈을 버리지 못하고 매일 저녁부터 새벽까지 책을 읽고 글을 썼다. 어렵게 일을 해 나가는 중에도 그는 계획한 대로 책을 읽고, 글을 쓰지 않으면 밥도 먹지 않을 정도로 독하게 글쓰기를 병행했다. 그 결과 베스트셀러 작가로서 그는 자신의 꿈을 이룰 수 있었다.

필자는 이런 그의 이야기를 읽고 '아, 나도 이 사람처럼 작가가 될 수 있겠구나' 하는 생각이 들었다. 그 후로는 책을 읽고, 매일 글을 쓰면서 작가가 되기 위해 노력했다. 결국 《엄마가 학원을 이긴다》라는 책으로 작가로서의 첫발을 내디딜 수 있었다.

아이가 매사에 의욕이 없고 눈빛이 흐린가? 아이가 공부하려는 마음이 없는가? 아이가 말썽만 부리는가? 그렇다면 우선 아이에게 감동을 주고, 깨달음을 얻을 수 있는 좋은 책을 권해 주자. 엄마의 백 마디 잔소리보다 훨씬 강력한 힘을 발휘할 것이다.

최고의 체험 학습 장소, 도서관

"도서관은 영혼의 치유 장소다."　　　　　　　　　—람세스 2세, 고대 이집트 왕

필자가 가르친 학생 중에 틈만 나면 책을 읽는 아이가 있었다. 그 아이는 자투리 시간을 모아 책을 읽었다. 그렇다고 책상 앞에 앉아서 책만 읽는 아이는 아니었다. 점심시간에는 친구들과 땀에 흠뻑 젖도록 축구를 하고, 친구들과도 사이좋게 잘 지냈다. 그 모습을 참 대견하게 보고 있던 나는 어느 날 그 아이의 어머니를 만난 자리에서 이렇게 말했다.

"지원이가 책을 참 잘 읽어요."

"네, 책을 좋아하긴 하는데, 너무 책을 많이 읽어서 가끔 걱정스러울 때도 있어요. 잠잘 시간이 됐는데도 책을 계속 읽으려고 하거든요."

지원이 엄마의 말을 들으면서 참 행복한 고민을 하고 있다고 생각했다. 엄마에게 아이가 책을 읽고 싶어 하면 말리지 말라고 조언해 주었다. 늦게 자면 다음 날 피곤하고 기운이 없는 것을 본인이 가장 잘 느낄 수 있기 때문이다. 그렇게 스스로 깨달을 수 있는 기회도 주지 않고, 무조건 일찍 자라고 규칙을 강요하면 아이는 수긍하기 어렵다. 엄마의 잔소리가 듣기 싫어 어쩔 수 없이 잠자리에 들지만 속으로는 '엄마는 엄마 마음대로만 해'라고 생각할 수 있다. 게다가 책을 읽는 것은 나쁜 행동이 아니다. 오히려 권장해야 할 바람직한 태도다.

세종대왕은 밤늦도록 책 읽는 것을 멈추지 않아 눈병이 생기고, 신하들이 그런 왕을 보면서 건강을 해칠까 염려했을 정도였다. 그러나 후세의 사람들은 세종대왕을 불규칙한 생활을 한 인물로 보지 않는다. 오히려 책을 많이 읽고, 책을 통해 얻은 지식을 백성들을 위해서 훌륭한 업적을 많이 이룬 위대한 왕으로 그를 존경한다.

"어머님, 지원이는 어떻게 책을 좋아하게 됐나요?"

"아, 저희 집은 주말마다 도서관으로 놀러가요."

난 그 말을 듣고 깜짝 놀랐다.

"아직 두 돌도 안 된 어린 동생이 있지 않나요?"

"네. 주로 아빠랑 지원이랑 같이 책을 읽고, 전 둘째랑 책을 가지고 놀거나 주변을 산책해요."

참 대단하다는 생각이 들었다. 보통 어린 자녀를 둔 엄마들은 도서관에 가기가 쉽지 않다. 너무 어리면 도서관에 가도 책에 제대로 집중하지 못하고, 이리저리 돌아다니거나 떠들어서 다른 사람에게 피해를 줄까 염려해서다. 그러나 지원이의 엄마는 도서관을 놀이터처럼 생각하고 있었다. 아이가 보채면 밖에 나가서 산책을 하고 놀아 준다고 했다. 그렇게 주말마다 거의 빠지지 않고 도서관으로 놀러 간 것이 지원이가 책을 좋아하게 된 가장 큰 이유라고 설명했다.

요즘에는 어떤 동네건 도서관을 어렵지 않게 찾을 수 있다. 도서관에 가면 제자리에 가만히 앉아서 많은 책을 읽혀야겠다고 생각하기보다는 마치 놀이터에 간 것처럼 이 책도 보고 저 책도 보고, 심지어는 책의 그림만 보아도 좋다. 그렇게 놀다 보면 분명 아이가 흥미를 가지는 책을 스스로 발견할 것이고, 그 책은 집중해서 볼 것이다.

"집에도 책이 많은데요?"

이렇게 반문하는 엄마들도 있다. 그러나 늘 가까이 있는 것은 새롭지 않고 흥미도 덜 하다. 주기적으로 아이에게 책을 사 주는 열성적인 엄마라 해도 도서관은 의미가 있다. 도서관에서 자기 또래의 아이들이 책을 읽는 모습을 보며 자극받을 수도 있고, 아무리 집에 책이 많아도 도서관만큼 많을 순 없기 때문이다. 집에 돌아올 때는 아이가 읽고 싶어 하는 책, 좋아하는 책을 한 아름 빌려서 선물처럼 아이에게 안겨 줄 수도 있다.

도서관에는 직접 사려면 부담이 되는 DVD도 많이 갖추어져 있다. 저자의 강의 자료, 영화, 영어 DVD를 적극 활용하자. 아이들에게 읽는 자극 외에도 이런 멀티미디어 자료를 활용하면 흥미 있는 교육을 할 수 있다.

요즘 도서관에서는 다양한 문화 행사도 열린다. 영화나 공연, 매주 지속되는 교육 프로그램도 관심만 있다면 어렵지 않게 참여할 수 있다. 대부분 도서관 예산으로 진행되기 때문에 돈도 거의 들지 않는다. 이번 주말에는 도서관으로 놀러 가 보는 건 어떨까?

PLUS +

도서관을 백 퍼센트 활용하는 방법

'두드리면 열린다'는 말이 있다. 아이와 함께 도서관에 가서 아이의 호기심, 문제의식을 따라 가면서 궁금증을 채울 수 있도록 '검색 독서'를 시켜 보자. 도서 검색대에서 검색 방법을 알려 주고, 아이가 현재 관심 있는 주제에 대해 찾아보도록 하자. 책 번호를 보면서 함께 서가를 뒤지며 책을 찾아보자. 몇 번만 해 보면 자신이 관심 있어 하는 책이 어디에 꽂혀 있는지도 알게 되고, 해당 분야에 꽂혀 있는 다양한 책을 보며 눈이 휘둥그레질 것이다. 자신의 관심 분야의 책을 읽으면서 아이는 책에 더욱 관심을 가지고 재미를 느낄 것이다. 한 분야에 대해 지식이 쌓이면 남들보다 아는 것도 많아져 자신감도 높아진다.

검색 독서를 통해 아이의 진로 교육을 시도해 보자. 아이가 원하는 직업과 관련된 분야의 책을 검색해서 관련 주제의 책을 집중적으로 읽으며 자신의 미래를 그려 보는 것이다.

아이의 소유 욕구를
마음껏 충족시켜 준다

"종교 서적이든 아니든 책을 크리스마스 선물로 주라. 책은 살찔 염려도 전혀 없고, 죄책감에 시달리는 일도 거의 없고, 영원히 개인 소장할 수 있다."

—레노어 허시, 미국 출판인

미국의 국가예술 연구기관은 "책이 100권 이상 있는 집일수록 아이가 공부를 잘한다"라는 연구 결과를 발표했다. 연구에 따르면 국어뿐 아니라 수학, 과학 성적도 책 읽기와 연결된다고 한다. 반대로 집에 책이 적을수록 아이의 성적이 전체적으로 낮았다. 또한 대학을 졸업한 부모 아래에서 자랐지만 책이 별로 없는 집보다, 고등학교만 졸업한 부모라도 집에 책이 많으면 자녀의 학업 성취도가 더 높았다. 연구진은 그 이유가 독서를 통해 이해력뿐 아니라 인지 발달 속도가 향상되었기 때문이라고 설명한다.

비슷한 연구로 미국의 네바다 주립대학교의 에반스 교수팀은 20년 동안 27개국의 7만여 건의 사례를 분석한 결과, 집에 책이 500권 이상 있는 가정은 부모가 모두 대학 교육을 받은 가정에서와 마찬가지로 자녀의 교육 기간이 3.2년 더 길다는 사실을 발견했다. 에반스는 이에 대해 다음과 같이 설명한다.

"집에 책이 20권만 있어도 자녀들에게 더 많은 지적 호기심을 길러 줄 수 있습니다. 책은 아이들의 장래를 위한 최고의 투자입니다."

실제로 집에 책이 많은 아이들은 책을 좋아한다. 가끔 상담을 하다 보면 첫아이는 책을 잘 읽는데, 둘째는 책에 관심이 없다는 부모의 고민을 듣게 된다. 분명 첫째와 둘째를 비슷하게 교육시켰는데 왜 그런지 모르겠다는 것이다. 이는 대부분 둘째에게는 책을 사 주지 않은 경우가 많다. 큰아이의 책이 이미 집에 많기 때문에 둘째는 큰아이의 책을 읽으면 된다고 생각하는 것이다.

대부분의 부모가 첫째 아이가 클 때는 더욱 긴장하고 교육에 더 큰 관심을 갖는다. 책도 많이 사 주고, 읽어 주기도 많이 한다. 자연히 큰아이는 책을 잘 읽는 좋은 습관이 든다. 반면 둘째에게는 첫째만큼 큰 공을 들이지 않고, 큰아이가 한 것처럼 둘째도 자연스럽게 따라오겠지 하고 생각하는 것이다. 하지만 웬일일까, 둘째는 도통 책에 관심이 없다.

둘째의 입장에서 보면, 집에 책이 많기는 하지만 무엇부터 읽어야 할지 모르는 것이다. 엄마가 책을 사서 자신에게 권해 주지 않기 때문이다. 또한 저 책들은 모두 형, 오빠, 누나의 책이니 나와는 관계가 없다고 느낄 수 있다. 둘째에게도 둘째만의 책을 마련해 주자. 한 배에서 나온 자녀라도 성별, 나이, 성격에 따라 관심을 갖는 책도 다르다. 그런 욕구를 충족시켜 줘야 책에 관심을 가질 수 있다.

아이를 데리고 서점에 자주 다니자. 서점에서 여러 가지 책들을 둘러보면서 아이가 어떤 책에 관심을 갖는지를 잘 관찰하자. 그런 정보는 아이의 적성이나 흥미를 발견하는 좋은 자료가 될 것이다. 아이에게 서점의 여러 코너를 돌아다니면서 정보 탐색의 기회를 주자. 아이는 당연히 관심 가는 코너에 오래 머무를 것이다. 이 책을 사기에 적절한지 아이와 이야기를 나눠 보고, 마지막 선택권은 아이에게 넘기자. 이런 경험이 정보화 시대에 아이를 현명하게 키워 줄 것이다. 정보가 넘치는 시대에는 이러한 정보 탐색 경험과 그중에서 자신에게 맞는 정보를 선별하는 능력이 가장 요구되기 때문이다.

책 읽기에 열성적인 부모는 한 달 평균 책값으로 10~15만 원 정도를 투자한다.《응답받는 기도 원리》의 저자인 오스틴 펠프스는 "낡은 외투를 그냥 입고 새 책을 사라"고 조언한다. 아이가 책에 대한 소중함과 함께 소유 욕구를 느끼도록 구입 간격과 양을 적절히 조절할 필요가 있을 것이다.

엄마와 함께하는 15분이
아이의 인생을 바꾼다

"한 문장이라도 매일 조금씩 읽기로 결심하라. 하루 15분씩 시간을 내면 연말에는 변화가 느껴질 것이다."
　　　　　　　　　　　　　　　　　　　　　　　—호러스 맨, 미국 교육행정가

　상현이는 특별히 공부를 따로 하지 않는 대신 책을 많이 읽었다. 상현이의 엄마도 어려서부터 책을 많이 읽어 주었다. 책이 아이에게 좋은 영향을 미칠 것이라 판단했기 때문이다. 덕분에 3학년인 상현이는 학원이나 과외 공부를 따로 받지 않아도 독서량도 많고 차분히 공부하는 습관도 몸에 배었으며, 상식도 매우 풍부하다.

　책 읽어 주기가 효과적이라는 사실은 연구를 통해서도 밝혀졌다. 짐 트렐리즈의 《하루 15분 책 읽어 주기의 힘》에 소개된 연구 결과를 보면, 4학년 학생 15만 명을 대상으로 한 국제 연구에서 책을 자주 읽어 준다고 답한 그룹은, 가끔 읽어 주는 그룹이나 아예 읽어 주지 않는 그룹과 비교하여 학업 성취도 점수가 30점 이상 높았다. 짐 트렐리즈는 다양한 연구 결과를 제시하면서 다음과 같이 강조한다.

"하루 15분씩 아이에게 책을 읽어 주세요. 아이가 뱃속에 있을 때부터 열네 살이 될 때까지!"

열네 살을 강조하는 이유는 그때가 되어야 아이의 읽기 수준과 듣기 수준이 비슷해지기 때문이다. 그러니 적어도 초등학교 6학년까지는 책 읽어 주기를 해도 좋다는 말이다.

그가 소개하는 또 다른 흥미로운 연구 결과가 있다. 가난한 노동자 집안에서 태어난 30명의 사람들 가운데 15명은 교수가 되고, 나머지 15명은 노동자가 되었다. 연구자들은 두 집단의 성장 과정을 심층 면담을 통해 알아보았다. 그 결과 주요한 차이가 발견되었는데, 첫째, 교수 집단은 12명의 부모가 아이에게 책을 읽어 준 반면, 노동자가 된 사람의 부모는 4명만이 책을 읽어 주었다. 두 번째, 교수로 성장한 사람 중 14명은 집에 책이 많았다. 그러나 노동자로 성장한 사람들의 가정 중 네 가정만이 집에 책이 있었다. 부모가 책을 읽어 주는 것, 그리고 집에 읽을 수 있는 책이 많은 것이 아이의 성장과 발달, 성공에 얼마나 많은 영향을 끼치는지를 알 수 있다.

세계에서 노벨상 수상자를 가장 많이 배출한 유대인들은 아이가 세 살 때부터 아버지가 저녁마다 《탈무드》를 한 쪽씩 읽어 준다. 그러고 나서 꿀 한 술씩을 떠 먹여 준다. 책은 꿀처럼 달다는 인식을 심어 주어 책 읽기가 즐거운 활동으로 기억될 수 있게 하려는 것이다.

부모들 중에 아이가 어렸을 때는 책을 잘 읽어 주다가도, 아이가 글자를 알게 되면서부터 '혼자 읽기'를 강요하는 경우가 많다.

"책 읽어 주세요."

"너 글자 알잖아. 네가 읽어."

이렇게 아이의 부탁을 쉽게 거절한다. 또한 학년이 올라갈수록 공부에만 신경 쓴 나머지 책 읽기를 소홀히 하는 경우도 많다. 고학년으로 갈수록 학교와 학원에만 아이를 맡기고, 엄마의 손길은 점점 멀어진다. 아이들은 책 읽을 시간이 없다고 하소연한다. 책 한 권을 읽으려면 긴 시간이 필요한데, 그만큼의 시간을 확보하기 어렵다는 것이다. 그러나 책을 잡으면 무조건 끝까지 읽을 필요도 없고, 하루에 다 읽을 필요도 없다. 책을 읽는 데 한 시간 이상 투자해야 하는 것도 아니다. 책은 학원과 학원 사이에 빈 시간, 차를 기다리는 시간, 약속을 기다리는 시간, 틈틈이 쉬는 시간에 읽을 수 있다.

미국의 국방 장관을 지내고 대선 후보로 거론되고 있는 여성 지도자 힐러리 클린턴도 딸 첼시를 키운 경험을 떠올리며, 어떤 결과를 바라고 한 행동은 아니지만 자신이 한 일 중에 가장 바람직한 행동이 있었다고 말했다. 그것은 바로 아이를 껴안고 좋아하는 동화를 들려주며 보낸 수많은 시간들이었다. 이 시간들 덕분에 부모 자식 간의 관계가 돈독해졌을 뿐 아니라 아이의 두뇌 발달에도 도움이 됐다고 말한다. 한 인터뷰에서 그녀는 이렇게 이야기했다.

"자신의 교육 수준이나 독서 능력과 관계없이 설령 잘 모르는 단어가 나와서 군데군데 더듬는 경우가 있더라도 대체로 아이들은 부모가 더듬거리는지 알지도 못할 것이다. 아이는 자신을 환상의 모험에 빠져들게 하고 말과 생각의 세계를 접하게 해 주는 독서의 위력을 깨달을 것이다. 아이들이 부모가 자신과 함께 지내기 위해 별도로 정해 놓은 시간이 있다는 것을 깨닫는 것도 그 못지않게 중요하다."

힐러리처럼 매일 꾸준히 짧은 시간이라도 책을 읽어 주면 좋은 점이 많다. 가장 좋은 건 엄마와 아이 사이의 유대감이다. 아이는 이 시간만큼은 엄마의 사랑을 듬뿍 느낄 수 있다. 연년생인 두 아이를 키우고 있는 필자는 셋이 침대에 모여 책을 읽는다. 또는 큰아이와 작은아이에게 시간차를 두고 읽어 주면 더 큰 효과를 얻을 수 있다. 20분 동안 엄마와 아이는 오로지 둘만의 사랑을 확인할 수 있기 때문이다. 아이는 분명 잠자는 시간을 기다리고, 잠이 오면 엄마에게 책을 읽어 달라고 조를 것이다. 이때 엄마는 하던 일을 모두 멈추고 아이의 요구를 받아 준다. 아이와 함께 책 읽는 것이 가장 소중한 시간이라는 듯이 정성을 들이자. 물론 정말 그렇다. 지나고 보면 아이와 엄마의 가장 큰 추억은 바로 잠자기 전 20분 동안 책을 읽었던 시간이 될 것이다.

둘째, 엄마의 사랑을 듬뿍 받으면 아이는 안정감을 찾고, 매사에 자신감을 갖는다. 누군가로부터 사랑받고 있다는 것을 느끼면 세상이 밝고 아름답게 보인다. 내가 사랑받을 가치가 충분히 있는 사람임을 깨닫고 무슨 일이든지 자신감을 갖고 행동할 수 있게 된다.

또한 엄마가 아이에게 요구하는 것, 부탁하는 것도 아이가 더 잘 들어줄 것이다. 사랑하는 사람의 부탁은 거절하기 힘들기 때문이다.

물론 엄마와 아이가 사랑하는 건 당연한 일이다. 그러나 당연하다는 이유로 표현하지 않는다면 아이는 엄마가 자신을 사랑한다는 것을 알고는 있지만 매일 새롭게 느끼기는 힘들다. 잠자기 전 20분 동안 엄마와 아이가 충분히 사랑을 주고받자.

셋째, 아이는 책 읽기에 대해 좋은 추억을 쌓고, 이런 긍정적인 경험의 축적을 통해 책을 좋아하는 아이로 자란다. '책 읽기는 재밌어' '책 읽는 시간은 즐거워' 이런 표현을 엄마가 군이 말로 하지 않아도 (오히려 표현하면 그 느낌이 반감되기도 한다) 아이는 자연스럽게 온몸으로 느낀다.

넷째, 듣기는 아이의 집중력을 키워 준다. 학교나 학원에서의 배움은 대부분이 '듣기' 시간이다. 듣기를 집중력 있게 잘하는 아이가 공부도 잘할 수 있다. 엄마가 책 읽어 주는 시간은 행복한 듣기 시간이다. 엄마의 목소리를 들으며 아이는 자연스럽게 듣기 집중력을 키울 것이다.

다섯째, 책 읽어 주기는 상상력을 키운다. 상상은 머릿속에서 아직 일어나지 않은 일, 물건, 사람에 대해 그림을 그리는 것이다. 엄마가 읽어 주면 아이는 머릿속에서 관련된 장면을 상상한다. 설명적인 글이라면 머릿속에서 지식의 그물을 짠다. 이렇게 소리를 듣고 머릿속에서 이미지화하는 연습은 상상력을 키워 준다. 아이도 자신만의 인물과 배경을 만들면서 상상력을 키울 것이다.

여섯째, 잠자기 전 20분 책 읽어 주기로 아이에게 혼자 자는 습관을 길러 줄 수 있다. 우리나라 엄마들은 '아이 혼자 재우기'를 어려워한다. 4학년인 우리 반 덩치 큰 남자아이도 엄마랑 같이 자는 경우가 많다. 아이랑 같이 자는 것이 나쁜 것은 아니지만, 엄마가 아이랑 같이 자면 공간이 좁다 보니 아빠는 자연스럽게 다른 곳으로 물러날 수밖에 없다. 어떤 집은 넓게 이불을 깔아놓고 뒹굴며 잔다지만 아이와 함께 자면 부부 사이도 방해를 받는다. 이럴 때 잠자기 독립도 잠자기 전 20분 책 읽어 주기 시간으로 해결할 수 있다.

엄마들은 고민한다. 어떻게 하면 아이가 책을 좋아하게 할 수 있을까? 아직도 어릴 적 읽었던 쉬운 책만 골라 드는 아이를 어떻게 하면 좋을까? 엄마들의 이런 고민의 해결책은 '하루 20분 책 읽어 주기'다. 실제로 독서 습관이 제대로 정착된 아이들의 경우 엄마가 잠자기 전 책을 읽어 주는 경우가 많았다.

우선 엄마와 아이가 함께 아이 방으로 간다. 이때 일주일에 한 번, 또는 요일별로 돌아가며 아빠를 동참시키면 효과는 더 커진다. 엄마와 아이가 다정하게 침대 머리맡에 기댄 채 엄마가 다정하고 낮은 목소리로 책을 읽어 준다. 아마 엄마가 한두 권을 읽어 주면 아이는 금방 잠이 들 것이다. 가끔은 엄마도 아이도 책 읽기가 너무 재미있어 약속한 20분을 훌쩍 넘길 때도 있을 것이다. 어떤 날은 아이가 잠이 오지 않는다며 계속 책을 읽어 달라고 요구할 수도 있다. 이럴 때는 아이와의 행복한 시간을 충분히 즐겨 보자. 이 기간은 아이가 초등학교 6학년 때까지 할 수만 있다면 지속하는 것이 좋다. 이렇게 시간을 보내면서 달라진 것은 더 가까워진 부모와 아이 사이, 그리고 높아진 책의 수준일 것이다. 두꺼운 책이라면 매일 조금씩 읽어 주자.

더 재미있게 책 읽어 주는 방법

1. 아이에게 책장을 넘길 기회를 준다. 아이의 속도에 맞게 책 읽기를 조절할 수 있다. 가끔은 아이가 그림을 감상하고, 글을 다시 훑어보느라 한참 후에 책장을 넘기기도 하고, 아직 다 읽지도 않았는데 책장을 넘기기도 할 것이다. 아이의 요구를 존중해 주자.

2. 아이와 엄마가 반쪽씩 책을 읽자. 아이에게 읽기 독립을 시켜 줄 수 있고, 아이를 독서에 적극적으로 참여시킬 수 있다.

3. 주인공에게 아이 이름을 붙여서 읽어 주자. 아이가 더 흥미 있어 하고 몰입할 수 있다. 단, 멋진 주인공, 역경을 이겨 내고 노력하는 주인공에게 이름을 붙여 주자. 너무 비극적인 주인공에게 붙여 주면 아이가 울음을 터트릴 수 있다.

4. 큰 소리로 읽어 주자. 그러다 보면 읽는 부모도 더 몰입하고 재미있게 읽을 수 있고, 아이도 엄마의 에너지에 빠져든다.

5. "우와, 주인공이 정말 대단했어! OO는 어땠니?" 엄마가 먼저 아이에게 감상을 말해 보자.

체험 학습과 함께하는
즐거운 책 읽기

"독서는 일종의 탐험이어서 신대륙을 탐험하고 미개척지를 개척하는 것과
같다."
— 듀이, 미국 교육사상가

대한민국의 작은 마을에서 태어나 세계를 아우르는 유엔 사무총
장이 된 반기문은 백악관에 방문해 케네디 대통령을 만난 경험으로
인해 외교관과 유엔 사무총장의 꿈을 키웠다. 빌 클린턴도 어린 시
절 백악관에 간 경험이 대통령의 꿈을 키운 계기가 되었다고 한다.

역사상 유례가 없는 대성공을 거둔《해리포터》시리즈의 저자 조
앤 롤링도 비슷한 경험이 있다. 어린 시절 그녀는 좋아하는 것이 두
가지 있었다. 하나는 나무숲을 오가며 자연과 이야기하는 것이었다.
그녀는 바람, 꽃, 하늘, 나뭇잎, 햇빛, 곤충, 동물과 이야기를 나눌 수

있었다. 자연에서 뛰놀면서 상상한 경험이 위대한 스토리의 밑바탕이 되어 주었다. 그리고 또 하나, 책 읽기를 좋아했는데 루이자 메이 올컷의《작은 아씨들》을 읽으며 등장인물처럼 작가가 되는 꿈을 키웠다. 우리 아이에게도 이렇듯 체험은 강력한 인상을 남기고 꿈을 키울 계기가 될 수 있다.

만일 제주도 가족 여행 계획을 세웠다면, 아이들과 함께 도서관에서 가서 제주도에 대해 공부해 보자. 제주도에 내려오는 재미있는 전설, 제주도와 관련된 이야기, 제주도에서 가 보고 싶은 곳 등을 찾아서 읽어 보자. 그리고 둘러보고 싶은 곳을 정해서 계획에 반영하면 아이들은 신이 나서 이 책 저 책을 뒤지며 제주도에 대해서 공부할 것이다.

여행이 아니더라도 주말에는 박물관이나 관광지, 친척 집, 공원 등 한 곳을 정해서 나가 보자. 박물관에 간다면 아이에게 박물관 주제와 관련된 책을 찾아 읽거나 박물관 홈페이지에 미리 들어가서 어떤 유물이 있는지 미리 둘러보도록 하자.

보고 싶은 것:
알게 된 내용:
더 알고 싶은 것:

이렇게 간단하게 메모하면서 미리 공부해 가면 박물관에 갔을 때 그 효과가 배가 된다. '아는 만큼 보인다'라고 하지 않던가. 그냥 둘러보는 것과 이렇게 준비한 후 둘러보는 것은 많은 차이가 난다. 준비하면서 주말이 더 기다려지고 설렌다. 박물관에 가서는 더 많은 것이 눈에 보이고, '어, 이거 사진으로 봤던 건데' '아, 저것과 관련된 재미있는 이야기가 있었는데' 하고 확인하면서 발견의 기쁨을 느낄 것이다.

다녀와서는 관련 책을 읽으며 현장에서 배운 지식을 넓혀 보자. 박물관에서 삼국시대의 문화재를 보고 왔다면 삼국시대에 관한 책을 읽는 것이다. 자신이 직접 눈으로 보고 확인한 것을 이야기로 접하면 더 흥미를 갖게 되고 기억도 오래 간다.

PLUS +

체험 학습에 도움이 되는 사이트 및 앱

- 동작구 어린이구청 children.dongjak.go.kr
- 북구 어린이구청 www.buk.daegu.kr/child
- 영등포 어린이구청 child.ydp.go.kr
- 서울시꾸러기세상 kid.seoul.go.kr
- 국립어린이민속박물관 www.kidsnfm.go.kr
- 사이버 문화재탐방 www.heritage.go.kr/visit/cyber_2008
- 문화콘텐츠닷컴 www.culturecontent.com
- 갤러리키즈 www.gallerykids.com (집에서 체험 학습을 할 수 있는 여러 재료 판매한다.)
- 종이홈스쿨 cafe.naver.com/paperabata (플래시를 보며 집에서 종이접기 체험을 할 수 있다.)
- 체험학습 모든학교 앱: 매일 체험 학습 장소에 대한 알찬 정보를 보내준다. 여러 가지 체험 학습 프로그램도 신청받고 있다.

책에 대한 특별한 추억 만들기

"독서할 때 당신은 항상 가장 좋은 친구와 함께 있다."
—시드니 스미스, 영국 작가 및 목사

"이 책은 내 생일 때 선물로 받은 책."

"이 책은 엄마가 잠잘 때 여러 번 읽어 준 책."

"이 책들로 나만의 성을 만들고는 했는데…."

책은 책장에만 가지런히 꽂혀 있는 물건이 아니다. 책을 사랑하는 집은 방바닥에도, 소파에도, 침대에도 집안 곳곳에 책이 있다. 집에서 정해진 한 장소에만 책이 있다면 가지러 가기도 힘들 뿐 아니라 가는 길에 여러 유혹이 생긴다. 장난감이 눈에 띌 수도 있고, 더 재미있는 놀이를 발견할 수도 있다. 따라서 집안 곳곳에 책을 놓아두자.

아이는 읽고 싶은 책 몇 권을 골라 자신이 좋아하는 자리에 앉는다. 책상, 소파, 방바닥, 테이블 위도 좋다. 아이가 편안하게 책을 읽을 만한 장소면 좋다.

아이들은 책을 읽는 도중에 다른 놀이를 하거나 간식을 먹기도 하는데, 이는 극히 자연스런 현상이다. 책으로 성이나 큰 집 만들기 놀이를 할 때도 있다. 책을 적당히 줄 세워 도미노 쓰러뜨리기 놀이, 책을 펼쳐 원하는 단어 찾기, 그림 찾기를 할 수도 있다. 책이 바르게 앉아 읽기만 해야 하는 딱딱한 것이 아닌 놀이 도구가 되는 것이다.

성적이 올랐거나, 상장을 받았거나, 생일이거나, 힘든 일을 해냈을 때 등 특별한 일이 있을 때 책을 선물해 보자. 서점에 데려가거나, 여의치 않다면 인터넷 서점에서 그림과 내용을 설명해 주면서 아이가 읽고 싶은 책 한두 권을 골라 주자. 책을 사면 책의 속지 첫 장에 잘한 일에 대한 내용을 담은 칭찬 편지, 상장 편지를 써 주자. 아이는 책을 볼 때마다 엄마가 준 상장을 보며 즐거워할 것이다. 당연히 잘한 일은 더 잘하려고 노력할 것이다.

(   )상

○○○ 어린이는 매일매일 하루도 거르지 않고 한 달 동안 꾸준히 일기를 썼으므로 이 상장과 책 선물로 칭찬합니다.

○○○를 세상에서 가장 사랑하는 아빠, 엄마가

책 읽기의 즐거움을 아는 아이는 삶도 행복하다

"가장 발전한 문명사회에서도 책은 최고의 기쁨을 준다. 독서의 기쁨을 아는 자는 재난에 맞설 방편을 얻은 것이다."

—랄프 왈도 에머슨, 미국 사상가 및 시인

소민이는 의욕이 없고 소극적인 아이다. 책을 읽을 때도 집중하지 못하고 장난감이나 학용품을 만지작거리거나 멍하게 있다. 공부 시간에도 마찬가지다. 집중하지 못하고 딴짓을 하는 경우가 많다. 엄마는 상담을 와서 아이가 시험 전날 밤 12시까지 공부했는데도 성적이 나오지 않는다며 걱정하였다.

준호는 책을 읽으면 누가 불러도 잘 모를 정도로 집중한다. 아침 시간 20분 동안 무서울 정도로 책에 몰입한다. 쉬는 시간이나 과제를 일찍 끝마쳤을 때는 시간을 허비하지 않고 다시 책을 꺼내 든다. 수업 시간에는 적극적으로 자신이 알고 있는 것을 발표하고, 친구가 어려울 때는 먼저 나서서 돕고 배려할 줄 아는 아이다.

두 아이는 모두 공부를 열심히 했다. 그러나 차이가 있다면 소민이는 책은 잘 읽지 않았다. 공부 시간은 많지만 집중력이 약하다. 반면 준호는 어렸을 때부터 부모의 배려로 책을 접할 기회가 많았다. 책 읽는 습관이 정착되면서 자연스럽게 책상에 앉아서 집중하는 습관도 몸에 배었다. 글에 한 번 몰입하면 주변에서 시끄러운 소리가 들려도 쉽게 주의가 흐트러지지 않는다.

자연히 소민이는 그동안 책을 잘 읽지 않고, 집중을 잘 못하는 습관 때문에 선생님이나 부모로부터 꾸중을 듣거나 부정적인 피드백을 많이 받았다. 성격은 점점 소극적으로 변해 가고, 의욕도 없어졌다. 의욕이 없으니 집중할 수 없고, 이런 과정은 계속 악순환된다.

반면 준호는 공부, 놀기, 책 읽기 등 과정에 집중을 잘해서 긍정적인 피드백을 많이 받았다. 자연히 적극적이고 밝고 매사 의욕이 넘친다. 그 덕분에 무슨 일이든 자신감 있게 한다. 이런 긍정적인 과정은 계속 반복된다. 이런 아이들은 사는 것이 즐겁다. 다른 사람의 인정을 받고 칭찬을 많이 받기 때문이다. 어리거나 학년이 낮을수록 부모나 선생님의 긍정적인 말, 힘이 되는 말이 중요하고 또 그것에 영향을 많이 받는다.

이처럼 책 읽기의 즐거움을 아는 아이는 삶도 행복하다. 영국 서식스대학교 인지신경심리학과 데이비드 루이스 박사팀은 이와 관련하여 흥미로운 실험을 했다. 그들은 실험 대상자들에게 6분 동안만 책을 읽게 했다. 그러나 그 결과는 놀라웠다. 스트레스가 68퍼센트 감소하고, 심장 박동수가 낮아졌으며, 근육 긴장이 풀렸다. 박사는 그동안 스트레스를 풀 수 있는 방법으로 알려진 차 마시기, 음악 감상, 산책, 게임 등을 시키며 같은 실험을 했다. 그러나 책 읽기만큼 효과적이진 않았다. 특히 게임은 심장 박동수를 늘리고 오히려 스트레스를 더 유발하는 것으로 나타났다.

비슷한 실험으로 미국 메릴랜드대학교 사회학과 존 로빈슨과 스티븐 마틴 교수팀은 30년간 약 3만 명의 데이터를 분석해서 행복하지 않다고 답한 사람과 행복하다고 답한 사람을 나눠서 그 원인을 분석했다. 그 결과 불행하다고 응답한 사람은 다른 그룹보다 TV를 보는 시간이 많았다. 반대로 행복하다고 답한 사람은 책이나 신문을 읽는 시간이 길었다. 연구진은 책을 많이 읽으면 스스로를 행복한 사람이라고 여긴다는 연구 결과를 발표했다.

책 읽기 습관이 들지 않은 아이는 짧고 쉬운 책을 주어 일단 책 한 권을 읽었을 때의 뿌듯함을 느끼도록 해 주어야 한다. 이때는 부모의 도움이 필요하다. "타율적인 습관의 마당을 거쳐야만 이성이라는 궁전에 들어갈 수 있다"라는 말처럼 타율적인 도움과 적절한 자극은 아동의 습관 형성에 중요한 요인이 된다. 버트런드 러셀은《행복의 정복》에서 다음과 같이 말했다.

"아이들이 오락과 유흥에 치우치면 미래의 성취보다는 순간의 쾌락에 쏠리게 된다. 단조로운 삶을 견디는 훈련으로라도 독서가 중요하다."

미국 근대화의 아버지이자 시간 관리의 대가인 벤저민 프랭클린은 하루 24시간을 3, 5, 7, 9로 배분하여 실천하였다. 하루 24시간 중에서 9시간은 일하고, 7시간은 자며, 5시간은 놀고, 나머지 3시간은 독서 시간으로 활용해야 성공적인 인생을 살 수 있다는 것이다. 시간을 가장 효율적으로 썼다고 평가받는 그가 독서에 세 시간을 할애한 것은 책이 인생을 바꿔 놓기 때문이다.

독서를 통해 얻은 깨달음은 평생 삶을 사는 데 영향을 끼친다. 읽는 사람의 가치관이나 생각을 바꿔 놓는다.

책 읽기 싫어하는 아이,
어떻게 할까요?

"아이가 책 읽기를 싫어해요."

이런 경우 대개 부모가 다음 유형 중 하나에 해당될 가능성이 높다.

첫째 잔소리를 많이 하면서 책 읽기를 강요하는 경우다.

"책 읽어."

"그만 놀고 책 읽어."

"TV 그만 보고 책 읽어."

부모의 이런 잔소리는 아이가 다음과 같은 생각을 하게 만든다.

'잔소리 들으니 더 하기 싫어.'

기분이 나쁘고, 계속 혼이 나니 엄마의 기대와는 다르게 그 행동이 더 하기 싫은 것이다. 이것은 무의식적인 방어기제라 할 수 있다. 연구 결과에 따르면 실제로 아이에게 체벌이나 고함 등은 전혀 효과가 없다고 한다. 물론 책을 안 읽는다고 체벌하거나 소리치는 부모는 많지 않겠지만, 이런 식의 대응은 상황을 악화시킬 뿐이다.

이럴 경우 잠자기 전에 엄마가 책 몇 권을 읽어 주는 것을 추천한다. 꼭 책 읽기뿐만 아니라 대화도 나누면서 스킨십을 하면 아이는 엄마의 사랑을 느끼면서 정서적 안정감까지 덤으로 얻을 수 있다.

둘째는 "몇 권 읽었니?"라며 책 읽은 양만 강조하는 경우다. 이럴 경우 양을 채우는 데만 급급하기 때문에 책 읽는 재미를 느끼지 못할 수 있다. 아이는 책을 읽으면서 다음 내용을 궁금해하고, 상상하고, 자신의 생각이 맞는지 확인하는 과정에서 재미를 느낀다. 아이가 천천히 재미나 감동을 느낄 수 있도록 양을 강조하지 않는 것이 좋다.

아이는 책 읽을 환경이 적절히 조성되면 자연적으로 책을 접하고 읽고 싶어 한다. 도서관이나 서점 등 재미있는 새 책이 가득한 공간에 아이를 데려가거나, 거실에 TV를 치우고 책장을 둔다면 책 읽는 데 훨씬 도움이 될 것이다.

마지막으로 "책 한 권 읽을 때마다 500원씩 줄게" 하면서 물질적인 것으로 아이를 유혹하는 엄마다. 이런 경우 한두 번의 효과는 있지만 돈으로 습관을 만들기는 힘들다. 중요한 것은 아이가 재미와 감동을 느끼고 그 행동이 즐거워야 지속할 수 있다는 사실이다. 그러므로 물질적인 보상보다는 칭찬이나 격려 등 내적 강화가 더 좋은 방법이다.

그렇다면 어떻게 해야 아이가 책과 친해질 수 있을까?

첫째, 여러 번 강조했지만 가장 좋은 방법은 책을 읽어 주는 것이다. 책 읽어 주기는 처음 말을 배울 때 부모가 아이에게 계속 말을 시키며 들려주는 것과 같은 원리다. 책 읽기에 익숙해지고, 책 읽기의 재미와 필요성을 아이 스스로 느낄 수 있다.

둘째, 도서관에서 놀자. 더 이상 도서관은 조용히 책만 읽는 장소가 아니다. 부모가 아이에게 책을 읽어 줄 수 있는 공간이 따로 마련되어 있다. 또한 아이들의 관심을 끌 만한 온갖 종류의 책이 구비되어 있다.

셋째, 눈에 잘 띄는 곳에 재미있고 감동적인 글귀를 붙여 놓자. 엄마도 아이도 힘을 얻을 수 있는 문구가 필요하다. 의식하지 못하고 있을 때도 길을 안내해 줄 것이다.

넷째, 책을 갖고 독서 여행을 하자. 아이들은 체험과 여행을 참 좋아한다. 주말에는 책에서 본 장소로 여행을 떠나 보자.

다섯째, 하루 한 줄이라도 읽자. 너무 욕심을 내기보단 꾸준히 읽는 것이 중요하다. 하루 열 권을 읽고 9일 동안 쉬는 것보다, 하루 한 권씩 10일 동안 꾸준히 읽는 것이 훨씬 도움이 된다.

여섯째, 책을 베개 삼아 자자. 아직 잠이 들지 않을 때 책을 읽으면 잠도 잘 오고, 자는 동안에도 좋은 기억을 남길 수 있다.

일곱째, 언제 어디든 책을 들고 다니자. 기다리는 시간만 잘 활용해 책을 읽어도, 그것이 쌓이면 놀라운 결과를 가져온다.

PART 4

엄마가
직접 만드는
'책 잘 읽는 아이'

부모가 책을 들면
아이도 책을 든다

"책이 없는 집은 문이 없는 가옥과 같고, 책이 없는 방은 혼이 없는 육체와도
같다."
　　　　　　　　　　　　　　　　　　　　　　　ㅡ키케로, 로마 정치가 및 학자

　　아버지의 현명한 교육 덕분에 6개 국어를 자유롭게 구사하고, 13
세에 철학 박사, 16세에 법학 박사 학위를 취득하고 교수로 임명된
아이가 있다. 그는 영재로 알려졌지만 사실은 목에 탯줄이 감긴 채
조산으로 태어나 부모의 속을 태우던 아이였다. 의사는 부모에게 아
이가 선천적 장애를 가지고 태어났을 가능성이 크니 아이를 포기하
는 것이 좋겠다고 했다. 그러고는 더 건강한 아이를 가질 수 있을 것
이라고 그들을 위로했다. 하지만 아이의 부모는 포기하지 않았다.
　　아이는 태어난 이후부터 잦은 병치레로 부모의 애를 태웠다. 몸만

약한 것이 아니었다. 또래 아이들보다 반응이 굼뜨고 느렸다. 몇 번이고 검사를 반복한 끝에 '저능아'라는 판정을 받았다. 52세에 어렵게 아이를 얻은 아버지는 청천벽력 같았지만 포기하지 않았다. 부모가 교육을 잘 시킨다면 달라질 거라 믿었다. 그는 아내에게 보내는 편지에서 이렇게 말했다.

"우리 아들은 선천적인 저능아가 아니오. 그러니 우리가 교육만 잘 시킨다면 분명 우리 아이의 미래는 달라질 수 있을 거요. 사람은 저마다 잠재된 능력이 있소. 다만 천재는 보통 아이들보다 내재된 잠재력이 조금 더 많을 뿐이오."

이렇게 말하며 아들을 위한 특별한 교육을 시작했고, 그 덕분에 아이는 후천적인 영재성을 발휘할 수 있었다. 그 아이가 바로 《칼 비테의 공부의 즐거움》의 주인공 칼 비테다. 그는 그 무엇보다 부모의 역할이 중요함을 강조한다.

"어떤 아이를 가르치는 학교 선생이 아무리 지식이 풍부하고 가르치는 방법이 우수하더라도, 또한 아이를 훌륭하게 가르치려는 의욕이 충만하더라도 만약 누군가가 그전에 훼방을 놓았거나 지금 훼방을 놓고 있다면 그 선생은 아이에게 아무것도 가르칠 수 없다."

학교나 학원, 과외 선생이 아무리 훌륭해도 집에서 가정교육이 잘되지 않으면 아무 소용이 없다는 말이다. 아이가 책을 읽거나 공부하려고 해도 늘 TV나 컴퓨터를 켜 놓아 방해하지는 않는가? 아이에게 바람직한 교육 환경을 제공하고 있는가? 반성해 볼 일이다.

미국의 존경받는 대통령인 프랭클린 루스벨트, 제2차 세계대전에서 뛰어난 리더십을 발휘한 처칠, 노벨 문학상 수상자인 헤르만 헤세 등 위대한 인물들은 할아버지나 아버지의 서재에 있던 책을 읽으면서 독서의 세계에 빠져들었다.

최진의《대통령의 독서법》에 보면 대통령들은 모두 교육열이 뛰어난 부모 밑에서 자랐는데, 특히 어머니의 역할이 크다고 말하고 있다. 이승만, 김영삼, 김대중, 노무현 대통령의 어머니는 교육열이 아주 높았다.

안철수도 어린 시절 조용하고 내성적인 성격에 크게 두각을 나타내지 못했지만 책은 정말 열심히 읽었다. 그 이유는 그의 아버지가 집에 오면 늘 책 읽는 모습을 보여 줬기 때문이다.

"우리 아이는 책 읽기를 싫어해요."

"아무리 읽으라고 해도 안 읽네요."

학부모들이 이렇게 하소연을 하면 필자는 되묻는다.

"혹시 아이 앞에서 책 읽으시나요?"

그러면 "저야, 바빠서…"라며 말끝을 흐린다. 실제로 독서 통계를 살펴보면 책 읽는 어른은 거의 없다. 그러면서 아이에게는 책을 당연히 읽어야 한다는 듯이 강요한다.

대부분의 가정에서 거실에 TV를 놓고 부모들이 리모컨을 들고 이거 볼까 저거 볼까 채널만 돌리는 경우가 많다. 그러면서 아이에게는 책을 읽으라고 하니, 아이 입장에서는 '이렇게 억울할 데가! 엄마는 책도 안 읽으면서'란 말이 터져 나오기 직전이다.

얼마 전 TV 프로그램 "위기탈출 넘버원"에서 교통 관련 방송을 본

적이 있다. 놀라운 것은 한 번이라도 아이 앞에서 무단 횡단을 한 경험이 있는 부모의 자녀는 부모의 그런 행동을 그대로 따라 했다. 아이의 안전을 위협하고 있는 많은 부분이 부모로부터 비롯된 경우가 많았다. 아이는 모방을 통해서 많은 부분을 터득한다. 실제로 성공한 사람들 중에는 어려서부터 책 읽기를 즐겨했던 사람이 많고, 또 그것은 온 집안이 책 읽는 분위기였기 때문인 경우가 많았다.

엄마들이 책을 안 읽는 이유는 '바빠서' '다른 일이 많아서'라고 말한다. 그러나 요즘 아이들은 부모 못지않게 바쁜 시간을 보낸다. 아이에게 바쁘다는 핑계는 별로 효과적이지 못하다. 부모가 책을 안 읽는 진짜 이유는 다른 것이 더 재미있기 때문이다.

책 읽기는 고도의 집중력이 요구되는 활동이다. 아무 생각 없이 편하게 볼 수 있는 TV, 영화 감상, 인터넷 서핑과는 차원이 다르다. 이런 쉬운 활동을 포기하고 자기 조절을 통해서 독서하기란 어른들도 쉽지 않다. 하물며 아이들은 어른보다 자기 조절 능력이 훨씬 부족하다. 아직 책 읽기의 즐거움을 느끼지 못한 아이는 TV나 컴퓨터, 장난감, 형제자매나 친구와 놀기 등 책보다 더 재미있는 여러 가지 유혹에 쉽게 빠진다.

아직 자기 조절 능력이 형성되지 않았기 때문에, 이런 유혹을 뿌리치고 책을 읽기란 쉬운 일이 아니다. 엄마가 잔소리를 해도 잠깐뿐이다. 잔소리하다 지친 엄마는 우리 아이는 왜 그런지 모르겠다며 독서 독립을 하지 못하는 것을 아이 탓으로 돌린다. 그러나 아이 입장에서는 엄마가 계속 잔소리를 해 대니 책 읽기에 더욱 부정적인 이미지가 생길 수밖에 없다.

그렇다면 어떻게 해야 할까? 국민 독서 실태에 따르면 부모가 독서에 관심이 많을수록 자녀의 독서량이 증가하는 것으로 나타났다. 아이는 자기 조절 능력이 부족하므로 외부 환경이 매우 중요하다. 가장 좋은 환경은 부모가 같이 책을 읽는 것이다. 부모 중 한 명이라도 거실에 앉아 책을 읽고 있으면 아이도 자연스럽게 부모 옆에서 그림을 그리거나, 다른 것을 하고 놀다가도 책이 눈에 띄면 한 권 들고 올 것이다.

또는 아이에게 함께 책을 읽자고 권해 보자. 아이는 부모와 함께 하는 것을 좋아한다. 엄마가 책을 읽고 있으니 아이도 반발심이 생기지 않는다. 다른 사람과 같이 하는 것은 즐겁지만 혼자 하는 것을 좋아하지 않는 아동은 엄마가 책을 읽어 준다면 엄마와 재미있는 놀이를 하는 것 같은 기분이 들 것이다.

이래도 아이가 책을 읽게 하는 데 성공하지 못했다면 직접 아이에게 책을 읽어 주자. 어려서부터 부모가 책을 많이 읽어 준 아이는 거의 대부분 책 읽는 습관이 정착된다. 그러나 어려서 많은 책을 읽어 주지 못했거나, 책과 가까이한 경험이 부족한 아이는 책 읽기에 빠져들기 힘들다. 이럴 때 가장 강력한 효과를 발휘하는 방법이 바로 '책 읽어 주기'다.

책을 좋아하지 않는 아동 중에 아직 책을 읽을 만한 준비가 안 된 경우가 많다. 이런 아이들은 글을 읽어도 이해하기 어려워한다. 글자는 알고 있지만 의미 파악이 안 되는 것이다. 글자나 단어 단위로 이해하고, 긴 글에서 문맥을 이해하기 힘든 경우다. 이런 문제는 책을 많이 접함으로써 자연스럽게 해결된다. 다만 아직 이런 경험이 축적되지 못한 아이에게는 처음에 부모가 책을 읽어 주어 책과 가까워지고 단어와 문맥을 이해하도록 도와야 하는 것이다.

전문가들은 책 읽어 주기가 초등학교 6학년, 심지어 대학생에게도 효과가 있다고 말한다. 실제로 한 연구 결과 대학생에게 주기적으로 책을 읽어 주었을 때 책에 대한 관심이 커지고 더 많은 책을 찾아 읽은 것으로 나타났다. 이렇게 부모가 적절히 환경을 제한하고, 책을 읽어 주면 아이는 차츰 혼자 책 읽는 습관을 들일 수 있을 것이다.

혼자 책 읽기 습관을 위해 다음과 같이 도와주자.

1. 매일 일정한 시간에 15~20분 정도 책을 읽도록 도와주자.
2. 책 읽는 시간에는 가족 모두가 함께 책을 읽자.
3. 책은 아이 스스로 선택하도록 하자.
4. 책을 읽고 굳이 독후감을 쓸 필요는 없다.

직장맘이라 독서 습관을 잡아 줄 시간이 없어요

맞벌이 부모라면 자녀와 함께 독서할 시간이 많지 않다. 어렸을 때는 책을 잘 읽던 아이도 부모가 바빠지면 독서 습관이 흐트러지고 게임이나 친구와의 놀이에만 빠지기 쉽다. 엄마라면 아이가 변하는 모습을 보고 죄책감이 들기도 하고, 직장을 그만두어야 하나 고민에 빠지기도 한다.

필자의 학부모 중에 저녁 9시에 퇴근해서 아이를 볼 시간이 겨우 1시간 남짓밖에 없는 부모가 있었다. 부모가 아이와 함께한 시간은 적었지만, 아이는 책도 잘 읽고, 뭐든지 의욕 있게 잘 해내고 정서적으로 안정된 모습이 참 보기 좋았다. 그 비결을 물었더니 저녁 9시에 퇴근해 돌아오면 아무리 피곤하고 밀린 집안일이 많더라도 모든 것을 제쳐 두고 아이와 함께 책도 읽고 하루 동안 있었던 일도 이야기한다고 했다. 그 학부모를 보고 아이와 함께 알차게 보내는 1시간이 아이와 8시간 내내 붙어 있는 것에 결코 뒤지지 않는다는 것을 깨달았다.

오늘부터 아이가 잠자리에 들기 전에 침대 머리맡에서 옛이야기 한두 편이라도 읽어 주면서 하루 동안 있었던 일을 이야기해 보는 것은 어떨까?

책과 친해지는 독서 환경 만들기

"나는 텔레비전이 매우 교육적이라고 생각한다. 누군가 텔레비전을 켤 때마다 나는 다른 방에 가서 책을 읽는다." —그루초 막스, 미국 코미디언

이 시대 청년들의 멘토이자 '시골 의사'로 유명한 박경철은 병원을 운영하면서 1년에 500여 차례 외부 강연을 진행하고, 방송 활동도 하고 있다. 이런 살인적인 스케줄을 소화하면서도 그는 시간을 내어 꾸준히 책을 읽고 있다.

그는 자신의 성공 비결로 독서를 꼽는데, 바쁜 와중에도 책 읽는 시간을 낼 수 있는 비결을 물으니 5무(無)를 들었다.

"저는 남들이 다 하는 술, 담배, 도박, 골프, 여자를 멀리합니다. 그랬더니 자유로운 독서 시간이 생기더군요."

그는 바쁜 와중에도 때와 장소를 가리지 않고 독서를 한다고 한다. 기차나 비행기, 식탁에서도 책을 읽는다. 그러나 우리 아이들은 이런 방법을 스스로 실천할 만한 의지가 부족하다. 웬만한 부모도 마찬가지일 것이다. 그래서 일부러라도 유혹적인 자극을 제한할 수 있는 환경을 조성할 필요가 있다.

"게임 그만하고 책 읽어."

"TV 좀 그만 보고 책 좀 읽어라."

엄마들은 하루에도 수십 번씩 잔소리를 한다. 그러나 재미있는 게임기를 사 준 사람은 누구인가? 핸드폰 게임을 하도록 한 사람은 누구인가? 거실에 언제든지 TV를 켤 수 있도록 하고, 케이블 TV를 연결해 놓은 사람은 누구인가? 환경만 적절하게 조절해도 잔소리가 확 줄어들 것이다. 그중에서도 책과 친해지는 환경은 따로 있다.

우선 책과 친해지려면 집에 아이 수준에 맞는 책이 많이 있어야 한다. 열성적인 엄마들은 매달 전집 한 질씩 구비해 놓는다던데, 꼭 그렇게까지는 아니어도 집에 전집 몇 질은 구비해 놓아야 한다. 요즘에는 친한 사람끼리 책을 물려주기도 하고, 중고 서적, 인터넷 카페나 서점에서 부담되지 않은 가격으로 책을 구입할 수 있다.

둘째, 주말에는 서점이나 도서관에 들르자. 학교, 집 근처 아파트에 있는 도서관을 적극 활용하자. 그리고 돌아올 때는 아이가 좋아하는 책을 아이 이름으로 빌려 주자. 아이는 수많은 책 중에서 빌리고 싶은 책이 너무 많아 고민할 것이다. 그렇게 자기가 선택한 책은 흥미를 갖고 집에서 꼭 다시 본다.

요즘에는 대형 마트에 책을 읽을 공간을 따로 마련해 둔 곳이 많다. 마트에 장을 보러 가면서 책 코너에 들른다면 일주일에 한두 번 어렵지 않게 갈 수 있다. 잠시 쉬어 가면서 이 책 저 책을 훑어보자. 그중에서 몇 구절이라도 실천할 만한 것이나 감동적인 구절을 읽었다면 성공한 것이다. 아이도 마찬가지다. 읽고 싶었지만 구하기 어려웠던 책, 눈길을 끄는 책을 금세 발견하고 좋아할 것이다. 좀 더 기운이 남았다면 아이가 원하는 책을 읽어 주는 것도 좋다. 아이가 어떤 분야에 관심이 있는지도 주의 깊게 살피고, 아이가 선택한 책을 한두 권 사 주자. 특히 아이에게 보상을 해 주거나 선물을 주고 싶을 때 서점에 데리고 가면 아이는 책 읽기에 대한 강한 긍정적 경험을 할 수 있게 된다.

셋째, 거실과 아이 방에 TV나 게임기를 놓지 말자. TV 시청 시간과 독서 시간은 반비례한다. TV를 많이 볼수록 책 읽을 시간은 줄어든다. 많은 집에서 TV를 제대로 보지도 않으면서 웬지 허전해서 켜 놓는 경우가 많다. 한 연구에서 1,000명의 어린이를 26세가 될 때까지 추적 조사한 결과, 어렸을 때 TV를 적게 시청한 사람일수록 대학 진학률이 높았다. 가정환경이나 지능지수보다도 TV 시청 시간이 학업과 상관관계가 더 높은 것으로 나타난 것이다. 또한 많은 연구 결과가 과도하게 TV를 시청하거나 게임하는 어린이는 어휘력과 창의력 등이 부족해지고 이에 따라 학업 성취도도 떨어진다고 이야기한다. TV는 매우 제한적이고 수동적인 감각만 사용되기 때문이다.

'책은 심심해야 읽는다'는 말도 있다. 그만큼 아이가 여유가 있고,

다른 유혹이 없어야 책을 손에 들 수 있다. 거실에 TV가 켜져 있는데 책에 집중할 수 있는 아이는 많지 않다. 책을 읽다가도 저절로 TV로 눈이 갈 것이다. 아무리 어른 프로그램이라고 해도 마찬가지다. 부모가 관심을 갖고 보는 것은 아이도 저절로 흥미를 갖기 마련이다. 물론 어른과 함께 TV를 보면서 궁금한 것도 묻고, 서로 관심을 공유하는 것은 좋다. 그러나 항상 켜져 있는 TV나 많은 채널이 있어 언제든지 아이가 좋아하는 프로그램을 볼 수 있는 TV라면 안방으로 옮기는 것이 낫다.

넷째, 아이가 게임기, 핸드폰은 정해진 시간만 할 수 있도록 철저하게 관리하자. 이에 대해서는 조금 단호하고 엄해질 필요가 있다. 오늘 해야 할 과제를 다 끝냈을 때에만 게임기나 핸드폰을 30분 정도 할 수 있도록 허락하자. 아이가 과제를 다 하지 못했을 때는 절대로 허락하지 않도록 해야 한다. 집에 친구나 친척이 놀러 왔을 때는 아이에게 조금 해방감을 맛보게 하는 것도 좋지만 일상생활에서는 습관을 잘 들여야 한다.

다섯째, 엄마가 읽히고 싶은 책은 아이 손이 잘 닿는 곳에 두자. 우리 아이가 만화책만 너무 봐서 걱정이 된다는 부모들은 만화책을 손이 잘 안 닿는 높은 책꽂이에 꽂아 두자. 또 자주 보는 책은 언제든 꺼내 볼 수 있도록 아이 머리맡에 책 바구니를 두거나 거실 책꽂이에 앞표지가 보이도록 세워 두는 것도 좋다.

다른 사람에게 방해받지 않고 책을 읽을 수 있는 공간을 마련해 주는 것이 좋다. 어디서든 읽을 수 있도록 집안 곳곳에 책을 두어야 하지만, 또한 조용히 책을 읽을 수 있는 방이나 서재 같은 장소도 꼭 필요하다. TV 소리나 대화 소리가 크게 들리는 장소라면 아이가 책에 집중하기 힘들기 때문이다.

요즘 아이들은 책 읽을 시간이 부족하다는 말을 자주한다. 지나치게 학원을 많이 다니거나 힘든 운동을 한 후라면 피곤해서 책 읽기 같은 고도의 집중력과 정신 능력이 요구되는 일을 하기 어렵다. 건강을 위해서라면 운동은 한 가지 정도만 시키는 것이 좋고, 그것도 책 읽기가 끝난 후에 시간을 배정하면 머리도 식히고 더 홀가분하게 할 수 있다. 운동 후에 공부하려고 하면 집중도 잘 안 되고 마음도 진정시키기 어렵기 때문이다.

PLUS +

우리 아이 책과 친해지게 하는 방법

1. 집안 곳곳에 책을 두자. 거실, 아이 방, 부엌, 침대 머리맡, 소파 등.
2. 초등학교 중학년 이상이면 수준에 맞는 백과사전을 사 주자.
3. 2주에 한 번은 도서관이나 서점에 가자.
4. 책에 관한 이야기를 해 주자.
5. 책을 읽어 주자.
6. 만화책과 줄글로 된 책을 조화롭게 읽히자.

책의 양을 채우면
질적인 변화가 따라온다

"내가 세계를 알게 된 것은 책에 의해서였다."　—사르트르, 프랑스 철학자

카이스트의 정재승 교수는 고등학교 시절 학교 도서관에서 책을 정리하는 일을 맡으며 공부로 받은 스트레스를 해소하곤 했다. 대학과 대학원에 들어가서는 본격적으로 도서관에서 책 읽기를 하면서 10년 가까이 2만여 권의 책을 읽었다. 책을 많이 읽으면서 자연스럽게 속독할 수 있게 되었지만, 중요한 책은 정독하며 곱씹어 읽는다. 일주일에 한 권 정도는 곱씹어 읽고, 한 달에 40~50권은 두 시간에 한 권 꼴로 빠르게 읽는다. 그 덕분에 그는 여러 분야에 해박한 지식을 쌓을 수 있었고, 그것을 바탕으로 대중들에게 과학을 쉽게 소개하는 역할을 하고 있다. 책의 양을 채우면 남들보다 한 차원 높은 단

계로 도약할 수 있고, 해당 분야에서 알아주는 전문가가 될 수 있다.

마이크로소프트를 설립하여 세계 최고의 부자가 되고, 지금은 자선단체를 세워 자선사업에 열중하고 있는 빌 게이츠는 어린 시절 부모의 말을 잘 듣지 않는 반항아적 기질이 있는 아이였다. 그러나 책을 좋아한다는 장점이 있었는데, 동네 도서관의 책을 거의 다 읽었고,《브리태니커 백과사전》을 다 외울 정도였다. 나폴레옹 전기에 빠진 빌 게이츠는 위인전도 모두 읽었다. 또《톰 스위프트》같은 과학소설을 읽으며 과학자의 꿈을 키우기도 했다.

OECD(경제협력개발기구)에서 32개국의 16세 청소년 25만 명을 대상으로 읽기 능력을 조사했는데, '많이 읽을수록 잘 읽는다'는 결과를 밝혀냈다. 비슷한 연구로 세계 21만 명의 학생들의 학업 성취도를 분석한 결과 상위권 학생들은 책을 많이 읽는다는 공통점을 가지고 있었다.

상담이나 강연을 가면, 아이가 책을 많이 보긴 보는데 대부분 만화책이어서 고민이라는 엄마, 수준에 맞지 않는 쉬운 책만 본다고 하소연을 하는 엄마들을 많이 만난다. 아직 책에 흥미를 느끼지 못한 아이는 만화책으로 책과 가까워지는 것도 좋다. 아직은 어려운 책을 읽을 준비가 안 되었기에 그런 것이다. 쉬운 책도 마찬가지다. 해당 학년의 수준보다 낮은 수준의 책을 읽는 이유는 그런 책이 지금 현재 아이의 이해력 수준에 맞기 때문이다. 이럴 땐 엄마가 아이의 욕구를 막지 않으면서도 자연스럽게 다음 단계로 인도해 주는 방법이 있다.

우선, 엄마가 원하는 책을 아이의 눈에 띄게 배치해 놓자. 반대로 아이가 별로 가까이하지 않았으면 하는 책은 눈에 잘 보이지 않는 곳에 두자. 그렇다고 한 번에 싹 치워 버리면 아이의 욕구는 사그라지지 않는다. 서서히 양을 조절하여 눈에 띄지 않는 곳으로 옮기자.

둘째, 만화책을 두세 권 읽었다면 꼭 줄글로 된 책도 한두 권 읽으라고 권해 보자. 무조건 막기보다는 아이의 욕구도 충족시키면서 엄마가 원하는 것도 한두 권 포함시키는 것이다.

셋째, 엄마가 조금 어려운 수준의 책을 읽어 준다. 아이는 엄마가 읽어 줄 때 비교적 더 쉽게 이해할 수 있다. 아이가 혼자 읽을 때는 이해되지 않는 내용도 엄마가 큰 소리로 읽어 주면 이해하는 경우가 많다. 엄마가 읽어 줄 때는 아이가 모르는 것을 엄마에게 질문할 수도 있기 때문에 어려운 어휘나 긴 글을 읽을 때 좋다.

넷째, 긴 글을 읽었을 때는 더 많은 칭찬과 격려를 해 준다. 짧은 책 5권을 읽는 것보다 긴 책 1권을 읽을 때 더 많은 칭찬과 보상을 해 주면 자연스럽게 읽기 단계를 높일 수 있다.

이 모든 방법은 아이가 조금 더 높은 수준으로 갈 수 있도록 엄마가 도와주는 방법이다. 가장 중요한 핵심은 아이가 충분히 자기 수준의 책을 만끽하면 자연스럽게 다음 단계로 넘어간다는 사실이다. 독서의 양적인 부분이 채워지면 자신에게 필요한 분야에서 더 깊이 있는 책을 찾아 읽고, 더 어렵거나 긴 글도 읽을 수 있게 된다. 그래서 한 분야만 편식하더라도, 아이가 현재 관심 있는 분야를 존중해 주는 것이 좋다. 모든 것을 잘하는 아이는 결국 평범한 아이가 될 가능성이 높다. 반면 한 분야에 더 집중한다면 그 분야에서 만큼은 다른 사람보다 더 뛰어날 확률이 높다.

아이의 미래를 위해 가장 필요한 것은 아이가 좋아하는 분야, 잘하는 분야를 찾는 일이다. 아이가 한 분야에 편식하더라도 너무 걱정하지 말고, 아이의 욕구를 존중해 준다면 아이는 자연스럽게 그 범위를 확장할 수 있다. 아이를 믿고 아이를 기다려 주는 엄마가 되어 보자.

이렇게 독서의 양이 채워지면 질적인 책 읽기가 가능하다. 질적인 책 읽기는 관심 있는 주제에 대해 깊이 있게 연구하면서 책을 읽는 방법이다.

우선, 관심 주제에 관해 쉽게 소개된 책부터 읽는다. 만화가 있다면 만화부터 시작하는 것이 좋다. 실제로 필자의 제자 동현이는《먼 나라 이웃 나라》를 읽고 세계에 대한 폭넓은 배경지식이 쌓이는 모습을 보였다.

둘째, 같은 주제의 책을 여러 권 읽는 것이다. 책을 쓴 저자마다 전하는 이야기, 표현 방식이 다르므로 그 주제에 관해 더 깊이 있는 이해가 가능하다.

셋째, 외우거나 따로 정리하는 데 힘을 빼지 말고 이해하는 데 목적을 두고 읽는다. 정보는 언제든 쉽게 찾을 수 있다. 더 이상 외우는 것은 큰 의미가 없다. 이해하고 있다면 언제든 필요한 정보는 검색을 통해 해결할 수 있다.

넷째, 짧은 기간 동안 집중적으로 읽자. 이렇게 읽으면 기억도 훨씬 잘되고 이해도 빠르다. 집중적으로 읽어야 책의 내용이 연결되는 것을 느끼면서 책 읽는 기쁨도 느낄 수 있다.

다섯째, 틈나는 대로 읽자. 자투리 시간이 모이면 큰 시간이 된다. 아침에 엄마가 준비하는 동안 주어진 자투리 시간에 읽은 책 내용이 하루 종일 생각나 깊이 있게 되새기는 기회가 되기도 한다.

마지막으로, 잠들기 전에 책을 읽자. 자는 동안 뇌는 복잡하게 시냅스를 연결하며 하루 동안 있었던 일을 정리하고 되새김질한다. 낮에 안 사실을 밤에 자면서 뇌가 다시 한 번 반복 재생하는 것이다. 그러므로 잠들기 전에 읽은 책은 더 잘 기억에 남는다.

독서 전문가 중에는 '책을 많이 읽기보단 한 권을 읽어도 제대로 읽으라'고 주장하는 사람들이 있다. 그들의 주장은 빨리 읽으면 정보 습득은 할 수 있지만 생각할 시간이 없다는 것이다. 책 읽기의 주요 목적이 사고하는 것인데, 빨리 읽으면 그럴 만한 충분한 여유가 없다는 것이다.

이 주장은 모든 책에 적용되는 것은 아니다. 책 중에는 정독해서 읽어야 할 책이 있는 반면 정독하지 않아도 될 책도 많다. 그렇다면 둘을 나눌 수 있는 기준은 뭘까? 예를 들어, 내가 많이 접해 본 분야라면 정독하지 않아도 될 것이다. 이럴 때는 자연스럽게 속독이 된다. 글의 목적에 따라서도 다른데, 정보 습득이 목적이라면 어휘 중심의 속독도 나쁘지 않다. 또한 모든 책이 다 좋은 책은 아니다. 좋은 책, 도움이 되는 책은 정독하며 자세히 읽어야겠지만, 흥미 위주의 책이라거나 얻을 것이 별로 없는 책이라면 한번 훑어보는 것으로도 족하다.

정독할 책은 교과서, 중요한 책, 새로운 분야의 책 등이다. 또한 소설이나 동화를 읽다가도 인상 깊은 구절이나 감동적인 부분은 아주 천천히, 또는 되풀이해 읽으면서 음미할 수 있다. 그러나 그렇지 않은 배경 묘사 같은 부분은 빠르게 읽고 넘어갈 수도 있다. 아이가 반드시 책을 정독해야 한다는 강박 관념을 가질 필요는 없다. 아이 수준에 맞거나 쉬운 책은 빨리 읽고, 어렵거나 새로운 내용은 천천히 읽는다. 이것은 아이 스스로가 가장 잘 안다. 엄마의 기준으로 속독할 책, 정독할 책을 정해 준다면 아이는 지루해지거나, 부담을 느낄 수 있다. 아이들은 같은 책을 빠르게 여러 번 반복해 본다. 그렇게 반복하면서 지난번에 놓쳤던 새로운 부분을 발견하기도 하고, 전에 느끼지 못했던 재미를 느끼기도 한다.

그러므로 굳이 정독을 강요할 필요는 없다. 독서 경험이 쌓이고 책 읽는 양이 많아지면 아이 스스로 자연스럽게 조절할 수 있다. 특히 책 읽기에 아직 흥미도 붙이지 못한 아이에게 정독을 강요하면 책 읽기는 부담스럽고 힘든 활동이 될 수밖에 없다.

아이가 좋은 책을 많이 읽지 않아 걱정이 되는 부모라면 이렇게 말해 주고 싶다.

"많은 책을 읽다 보면 좋은 책을 선택하는 안목이 생깁니다."

부모의 기준에서 좋지 않은 책은 만화책, 로맨스 소설, 판타지 등이다. 그러나 만화도 학습 만화나 배경지식을 넓혀 주는 책이라면 읽는 것이 도움이 된다. 고학년이 읽는 로맨스 소설도 부모가 적절히 조절해 준다면 기분 전환용으로 좋다. 특히 판타지 소설은 아동의 무한한 상상력을 자극하기에 권해 주고 싶다. 판타지 소설은 현실 세계에 없는 것들을 소재로 한다. 물론 폭력성이 강하거나 지나치게 흥미 위주라면 멀리해야겠지만, 요즘 유행하는《마법의 시간여행》,《해리포터》,《반지의 제왕》시리즈 등은 권해 주고 싶다.

PLUS +

연령에 맞는 책을 고르는 기준

"3학년인데 백과사전을 사 줘도 될까요?"

"언제쯤 역사책을 읽혀야 할까요?"

연령에 맞는 책을 고르는 기준에 대한 질문을 많이 받는다. 부모들은 연령에 맞는 책을 어떻게 골라야 하는지 어려워한다. 이럴 때 필자는 '연령에 맞는 책 = 우리 아이 수준에 맞는 책'이라는 공식을 알려 준다. 수준별 권장 도서라든가, 시기별로 읽어야 할 책들이 많지만, 아이 수준과 흥미에 따라 그 시기는 좀 더 앞당겨질 수도, 더 뒤로 미뤄질 수도 있다.

그러므로 아이와 함께 서점이나 도서관에 가서 엄마가 읽히고 싶은 책을 권해 보고 아이의 반응을 살펴보는 것이 중요하다. 또는 책 한 권을 미리 사거나 빌려 와서 아이에게 읽어 주는 것도 좋다.

아이가 너무 어려워하면 엄마가 읽어 주거나, 더 큰 칭찬이나 보상을 해 주거나, 다른 책보다 더 오랫동안 읽을 수 있도록 시간을 주는 등의 방법으로 격려할 수 있다.

융합 독서가
자신감과 도전 의식을 만든다

"독서는 약 처방처럼 당장 효과가 나타나거나 행복을 만들어 주지 않는다. 그러나 한 권 한 권 읽어 가는 동안에 내가 무엇을 알고 무엇을 모르는지를 스스로 깨닫게 하는 데 도움이 됨에 틀림없다."　　　　　　—패디먼, 미국 작가

"우리 아이는 그림을 느리게 그리고, 다른 아이보다 잘 못 그려서 미술 학원에 보내려고 해요."

"아이가 태권도, 수영, 음악, 줄넘기 다 하고 싶어 하는데 어떻게 하죠? 시간이 부족해요."

엄마들은 아이가 부족한 부분을 채워 주려 하는 경우가 많다. 학교에서 미술 수업을 할 때 아이가 잘 따라가지 못할까 봐 학원에 보내 보충 수업을 시키는 것이다. 그러나 "아이가 화가가 되길 바라세요?"라고 물어보면 그것은 아니란다. 나는 그렇다면 굳이 미술 학원에 보내지 말라고 조언한다. 학교에서 미술을 하는 이유도 다양한 미술적 경험을 하기 위함이지 미술을 잘해서 화가가 되도록 만들기 위함은 아니다. 미술 경험을 통해 미술에 흥미가 생기면 자연스럽게 미술 공부를 더 심화할 필요가 있겠지만, 굳이 학교에서 뒤처지지 않기 위해서라면 학원에 다닐 필요는 없다. 아이가 느낌을 살려 그림을 그릴 수 있으면 충분하다.

다만 학교교육에서 아쉬운 점은 미술, 그리기 분야에 편중해서 상을 많이 준다는 점이다. 그래서 아이가 상을 받아서 자신감을 향상시킬 수 있게 하기 위해 미술 학원에 보내는 경우도 많다. 그러나 미술 분야에 관심이 많거나 그 계통으로 진로를 정한 것이 아니라면 그 상의 의미가 클까? 오히려 아이가 잘하는 분야에 집중하는 것이 낫다. 또 집에 있는 그림책을 따라 그리며 충분히 그리기 연습을 할 수도 있다. 화가도 처음에는 모방부터 시작한다. 다른 사람의 그림을 따라 그리면서 스케치하는 방법, 색칠하는 방법을 자연스럽게 터득할 수 있기에 아이에게 그런 책을 사 주는 것도 좋다.

태권도, 수영, 음악, 줄넘기를 모두 시키는 것은 아이의 욕구를 모두 만족시켜 주려 하는 경우다. 아이가 이 모든 것을 소화하려면 아마 책 읽을 시간은 분명히 없을 것이다. 또한 운동을 하고 나면 지치기 때문에 공부나 책 읽기 같은 정적인 활동에 쉽사리 집중하기 힘들다. 아이에게 운동이 필요하다면 한 가지를 오랫동안 시킨 후에 다른 운동으로 넘어가는 것이 좋다. 한 분야에서 몰입을 경험한 아이는 자신감이 생겨 다른 운동도 잘할 수 있게 된다.

데일 카네기는 자신의 성공 비결로 '한 번에 한 가지씩'을 들었다. 한 번에 하나를 깊이 있게 파고드는 독서가 바로 '융합 독서'다. 융합 독서는 한 가지 주제에 대해 다양한 책을 읽는 것을 말한다. 한 주제에 대해 몰입하면서 다양한 자료를 접하면 영역을 넘나드는 통합적 사고가 가능하다. 이렇게 관심 있는 한 분야에 몰입하면 그 분야에 있어 다른 사람보다 더 많은 지식이 쌓이고, 더불어 자신감도 쌓인다. 이렇게 자신감과 성취감이 생기면 자연스럽게 더 깊이 있게 공부할 수 있고, 다른 분야에 도전할 힘도 얻는다.

한 달에 한 번 정도는 주제를 정해 이렇게 융합 독서를 해 보자. 이는 전문가들이 연구할 때 실제로 활용하는 방법이다. 관련 자료를 찾아 공부하고, 그것에 대해 다른 사람들과 충분히 이야기를 나눈 후에, 글로 정리하는 것이다. 이런 방식이 생활화되면 언제 어디서든 활용할 수 있는 문제 해결력을 갖게 된다.

융합 독서 방법

1단계 관심 있는 주제에 관해 두세 권의 책을 구해서 읽는다. 도서관이나 서점에서 검색 시스템을 활용해 주제 검색을 하고, 그중에서 마음에 드는 책 두세 권을 빌려 오거나 사 오는 것이 좋다.

2단계 엄마와 아이가 두세 권을 함께 돌아가면서 읽는다. 엄마가 읽어 줘도 되고, 아이와 엄마가 서로 돌아가면서 읽어도 좋다. 그런 후에 책에 대해 이야기를 나눈다.

　　-새롭게 알게 된 내용

　　-적용할 점, 본받을 점

　　-더 알고 싶은 내용

3단계 엄마와 함께 이야기한 내용을 글로 써 본다. 다양한 자료로 토의 및 토론을 했기에 통합적 글쓰기가 가능하다.

다른 아이들이 사교육을 할 때
책을 많이 읽히자

"남의 책을 읽는 데 시간을 들이라. 남이 애써서 얻은 것으로 쉽게 자신을 바꿀 수 있다."
— 소크라테스, 고대 그리스 철학자

성재는 학교에서 영재 반에 속해 있고 교육청 영재에 합격해 놓은 상태다. 학교 영재 반은 학교에서 과학과 수학에 뛰어난 학생들을 한 학년에 일정 수 이상 뽑아 운영하는 제도다. 열성적인 학부모와 학생들이 '학교 영재반 → 교육청 영재→ 과학고 혹은 특목고 진학'을 목표로 하고 영재 교육 전문학원에서 대비한다.

그러나 성재는 이런 학원이나 특별 교육을 받지 않는다. 대신 성재의 어머니는 어려서부터 성재에게 책을 많이 읽혔다. 특히 과학 분야에 관심이 많은 성재에게 관련 책을 많이 사 주고, 집에서 간단한 실험도 많이 해 보도록 했다.

성재 어머니는 몇 가지 원칙을 갖고 독서 교육을 했다. 우선 부모의 기준으로 책을 고르지 않고, 아이가 관심 분야의 책을 직접 고르도록 했다. 서점에도 자주 가서 성재가 고른 책을 많이 사 주었다. 과학자가 되고 싶은 성재는 주로 과학 관련 책을 골랐다.

성재 어머니는 아이가 방과 후에 여러 곳의 학원을 다니며 다람쥐 쳇바퀴 돌 듯 오가도록 두지 않았다. 책 속에 더 많은 지식과 지혜가 담겨 있다고 믿고, 오후에는 책 읽을 시간을 충분히 주었다. 또한 학원에 안 다니는 대신 남는 시간을 활용해 궁금증을 해결할 간단한 실험을 하거나 독후 활동을 하도록 했다. 성재는 책을 읽고 난 후 느낀 점, 알게 된 점을 자유로운 형식으로 표현했다. 엄마는 성재가 그림을 그리든, 글을 쓰든, 만들기를 하든, 실험을 하든 간섭하지 않았다. 아이가 표현하면 독특하거나 잘된 점을 찾아내 칭찬해 주었다.

성재 어머니는 아이가 읽는 책 중에 꼭 한두 권은 함께 읽었다. 엄마가 함께 책을 읽으니 아이도 책 읽는 것을 좋아하고, 책을 읽은 뒤에는 서로 책 내용에 대해 나눌 수 있었다.

주말에는 책에서 알게 된 장소를 골라 체험 학습이나 여행을 갔다. 아이는 이 시간을 기다리며 더욱 열심히 책을 읽었다. 여행을 갈 때에도 많은 곳을 돌아다니기보다는 한두 곳 정도만 집중적으로 둘러보고, 나머지 시간은 책을 읽으며 충분한 휴식을 가졌다.

인류학자인 랄프 린튼은 "완벽한 현대 시설을 갖춘 고아원에서 자라난 아이보다 가난하고 불결한 가정일지라도 부모 밑에서 자란 아이 쪽이 발육도, 건강도, 정신도 훨씬 우수하다"라고 했다. 고아원은 비단 부모 없는 곳일 뿐 아니라, 물질적인 풍요만 제공한 채 관심과 사랑이 부족한 가정을 뜻하기도 한다. 아무리 좋은 학원에 보내고 과외를 시켜도 부모의 관심, 아이의 노력이 없다면 효과를 볼 수 없다.

학생들은 지나친 사교육으로 책 읽을 시간, 스스로 공부할 시간이 부족하다. 방과 후 학원에 갔다 집에 오면 7시, 심지어 저녁을 먹고 다시 학원에 가기도 한다. 집에 돌아오면 학원 숙제, 학교 숙제를 해야 하니 잠잘 시간도 부족하다.

이렇게 바쁘게 돌아다니는 아이들은 과연 학원에 가면 공부를 잘하고 있을까? 한국교육개발원의 연구 결과, 사교육 시간과 성적과의 상관관계는 0.06퍼센트 정도로 거의 미미한 수준에 불과했다. 전문가들은 책 읽을 시간이 없는 학생들에게 문제집이나 학습지에 할당되는 시간을 줄이라고 권하고 있다. 책을 읽는 것이 문제집 한 장을 더 푸는 것보다 아이에게 도움이 되기 때문이다.

학교 현장에서는 선행 학습의 부작용을 어렵지 않게 볼 수 있다. 학기 초인데도 몇몇 아이들은 학원에서 이미 배웠다며 심드렁한 표정을 짓는다. 일부 아이들은 선생님의 설명을 아예 듣지 않고 혼자 문제를 풀기도 한다. 그렇게 미리 답을 적어 놓고는 다 했다고 생각하고 다른 아이들이 공부할 때 딴짓을 하거나 참견하면서 수업 분위기를 흐린다. 이런 아이들 대부분이 좋은 점수를 받지 못하지만, 그중에 잘하는 아이가 있기도 하다. 그러나 최상위권이 되지는 못한다.

스스로 잘하는 편이라 생각하여 자만도 심하고 두 번 듣기 싫어하는 공통점도 있다. 오히려 처음 접한 아이들은 오늘 배우는 것에 대해 호기심을 갖고 듣는다.

그래도 엄마들은 불안하기만 하다. '다른 아이들은 학원에서 미리 다 배워서 학교에 가면 잘할 텐데 우리 아이만 뒤처지는 것 아니야?' '우리 아이가 성적이 잘 안 나오는 이유는 분명 좋은 학원을 보내지 않아서야.' 그러나 학원을 아무리 많이 다녀도 기본적으로 자신이 하려는 의지가 없다면 소용없다. 그런 아이들에게 많은 학원을 다니는 것은 오히려 머릿속에 '공부가 지겹다'는 생각을 심어 줄 뿐이다.

이럴 때 우리 아이와 엄마에게 필요한 방법은 바로 '독서'다. 학원에서 따로 선행 학습을 하지 않아도 독서를 통해 교과와 관련된 재미있는 이야기나 책을 읽으면, 단편적인 지식을 배우거나 문제를 푸는 것보다 훨씬 효과적이다. 또한 아이들은 자신이 책에서 읽었던 내용과 수업에서 배운 내용을 자연스럽게 연결시키면서 쾌감을 느낄 수 있다. 같은 내용이 지루하게 반복되는 것이 아니라 다양한 이야기와 상황 속에서 더 풍부해지기 때문이다. '아, 이거 책에서 본 내용인데, 이런 의미였구나.' '이건 이러이러해서 이렇게 된 거지.' 이렇게 아이 스스로 지식을 연결해 가면서 '알아 가는 즐거움'을 느끼게 된다.

학원에서 배운 단편적인 지식은 기억에 오래 남지 않는다. 친구들이 다니는 학원에 보냈다가 정말 친구들과 잘 놀고만 오는 경우도 많다. 학원만 믿고 복습하지 않는다면 배운 것은 금세 잊어버린다. 예습 차원에서 학원에서 먼저 배우고 학교에 가서 다시 한 번 들으면 도움이 되겠거니 생각하지만, 학원에서 한 번 배운 아이들은 오히려 수업 시간에 집중하지 못한다. 자신이 알고 있는 것이 나왔다고 생각하고 흥미가 떨어지기 때문이다.

'학습(學習)'이라는 단어의 한자 뜻을 따져 보면 '배우고 익힌다'는 말이다. 학교와 학원에서 배우기만 한 아이들은 익힐 시간이 없다. 스스로 익히고 공부하는 자기주도학습 시간이 있어야 실력이 느는데, 계속 배우기만 한 아이들은 자신이 무엇을 알고, 무엇을 모르는지 알지 못한다. 선생님이 설명해 줄 때는 다 이해가 가고 아는 것처럼 느껴지기 때문이다.

상위 1퍼센트의 학생들과 나머지 학생들의 차이가 무엇인지 조사했더니, 상위 1퍼센트 아이들의 특징은 '자신이 무엇을 모르는지'에 대해 정확히 알고 있었다는 연구 결과가 있다. 그렇기 때문에 자신이 부족한 부분을 보완할 수 있지만, 그렇지 않은 아이는 자신이 무엇을 아는지 혹은 모르는지 인식하지 못한 채 비효율적으로 공부했다.

지식이 아니라 실력을 쌓고 싶다면 책 읽을 기회를 많이 마련해 주자. 특히 학원에 다녀도 성적이 오르지 않는 아이나, 학원을 많이 다녀서 힘들어하는 아이에게는 학원을 보내기보다는 책을 많이 읽게 해서 실력을 쌓게 하는 것이 좋다. 우리 아이가 부족하거나 또는 더 잘하고 싶어 하는 분야의 책을 읽히는 것이다. 예를 들어 아이가 수학을 특히 좋아하거나, 반대로 어려워하면 수학과 관련된 책을 읽어 원리를 깨달을 수 있도록 해 보자. 아이가 과학이나 사회를 어려워한다면 그와 관련된 책을 권하고 그중 몇 권은 엄마가 읽어 주자.

문제 행동에 초점을 맞추면
없던 문제도 생긴다

"내가 우울한 생각의 공격을 받을 때 책으로 달려가는 것만큼 도움이 되는 것은 없다. 책은 나를 빨아들이고 마음의 먹구름을 지워 준다."

—미셸 드 몽테뉴, 프랑스 사상가

아이들은 책을 읽으며 자신과 등장인물을 동일시한다. 이것이 아이의 아픈 마음을 치료하는 데 큰 도움이 된다. 이를 두고 영국의 시인이자 극작가로 노벨 문학상을 수상한 T. S. 엘리엇은 "책은 가장 조용하고 변함없는 벗이다. 책은 가장 쉽게 다가갈 수 있고 가장 현명한 상담자이자, 가장 인내심 있는 교사"라고 표현했다.

문제 행동을 보이는 아이는 자신에게 어떤 문제가 있는지도 인식하지 못하는 경우가 많다. 이때 관련된 책을 보고, 주인공이나 다른 사람들의 문제를 보면서, 자신의 문제를 깨달을 수 있는 기회를 줄 수 있다. 책을 읽음으로써 주인공과 자신을 비교하며 반성하고 돌아보게 되는 것이다.

책을 읽으면 자신이 겪고 있는 문제가 자기 혼자만 겪는 것이 아니라는 것을 깨닫고 위로받을 수 있다. 문제 상황이 닥쳤을 때 '왜 나한테만 이런 일이…'라는 생각이 자신을 가장 괴롭힌다. 그러나 책을 통해 자신과 비슷한 상황에 있는 인물들을 보면서 그것이 자신만의 문제가 아님을 깨닫게 된다. 그러면서 정서적으로 위안을 받는다.

책을 읽는 아이는 다른 사람에게 자신의 문제를 들키거나 간섭받지 않고, 스스로 문제를 해결할 수 있는 기회를 가질 수 있다. 이와 더불어 책을 가지고 엄마와 이야기한다면 아이는 자기의 이야기를 마치 주인공의 이야기인 것처럼 말할 수 있어서 더 편하게 나눌 수 있다.

아이가 문제 행동을 보일 때 부모도 전문가가 쓴 책을 읽고 좋은 부분을 보여 주거나, 읽어 주거나, 함께 이야기를 나누어 보자. 엄마의 잔소리는 쉽게 받아들이기 힘들어하는 아이도, 다른 사람의 이야기나 전문가의 말이나 연구 결과는 더 쉽게 받아들일 수 있다. 그런 자료를 바탕으로 이야기하면 아이의 마음속에도 더 깊이 각인된다. '엄마가 나를 위해 많이 신경 쓰고 있구나' '그동안 어떻게 해야 할지 몰랐는데 이렇게 해 보면 되겠구나' 하는 것을 책과 엄마와의 대화를 통해 깨달을 수 있다.

아이가 짜증을 많이 내거나 스트레스를 받을 때도 책을 활용하면 좋은 효과를 볼 수 있다. 아이의 상황과 비슷한 내용이 나온 책을 함께 읽으면서 자연스럽게 대화를 유도할 수 있기 때문이다. 아이는 주인공에게 자연스럽게 감정이입을 하면서 하고 싶었던 이야기를 좀 더 쉽게 꺼낼 수 있다. 엄마는 이런 과정을 통해 아이의 마음을 알게 되고 더 잘 이해할 수 있다.

다만 이때를 기회 삼아 잔소리나 훈계를 한다면 아이는 다시 마음의 문을 닫을 것이다. 이때 부모의 생각이나 가치관을 강요하지 말고, 아이의 말을 더 많이 들어 주는 시간으로 활용하는 것이 좋다. '슬픔은 나누면 반이 된다'는 속담처럼 마음이 아플 때 그것을 다른 사람에게 이야기하는 것만으로도 풀리는 경우가 많다. 또한 해결책을 엄마가 제시하기보다는 아이 스스로 찾을 수 있도록 해 주는 것이 좋다.

"그런 고민이 있었구나. 그럼 어떻게 하면 좋을까?"

부모가 제시하면 잔소리가 될 가능성이 높지만 아이 스스로 찾은 해결책은 강력한 실천 의지를 제공해 준다. 앞으로 비슷한 일이 생길 때에도 헤쳐 나갈 힘을 얻게 된다.

아이들의 문제 행동은 대부분 부모로부터 충분히 사랑받지 못했거나 이해받지 못했을 때 생긴다. 학교에서 교사들이 입을 모아 하는 말은, 문제 행동을 보이는 아이 뒤에는 어김없이 문제가 있는 부모가 있다는 것이다.

그런 부모에는 크게 두 가지 유형이 있는데, 하나는 강압적인 부모이거나, 또는 지나치게 방임하는 부모다. 심지어 집안에서 교육이라는 이름으로 폭력이 가해지는 경우도 많다. 그 주체는 부모나 나이가 많은 형, 오빠, 누나, 언니 등이다. 집안에서 일어나는 일이므로 아이도 부모도 폭력이라고 생각하지 못하지만, 아이는 병들고 있다. 이런 스트레스가 밖에 나와서 분출되는데, 지나치게 공격적이 되거나, 지나치게 내성적인 아이가 된다.

아이들에게 많은 연습을 통해 자신의 감정을 표현할 수 있는 기회를 주어야 한다. 공격적인 아이에게도 자신이 화가 났음을 우선 손이나 발이 아닌 입으로 표현할 수 있도록 도와주어야 한다. 이때 도움이 되는 책, 예를 들어 《또야 너구리의 심부름》을 읽으며 폭력적인 부모와 사는 아이의 모습, 그리고 아빠의 폭력적인 모습을 학교에서 그대로 따라 하는 주인공을 보면서 함께 이야기를 나눌 수 있다. 지나치게 소극적이고 많이 참는 아이도 《고양이 마을 신 나는 학교》의 주인공처럼 뭐든지 꾹 참고 표현을 못하는 모습을 보면서 함께 이야기해 본다. 자신의 감정, 기쁨, 슬픔, 분노, 외로움 등을 우선 다른 사람과 말로 소통할 수 있는 기회를 많이 주어야 한다.

이런 모든 행동의 가장 좋은 처방약은 바로 부모, 가족, 친한 사람과의 대화다. 나를 이해하고 나를 사랑해 주는 사람을 만났을 때, 그것을 아이가 느낄 수 있을 때 아이는 변한다. 부모는 평소에 아이에게 일부러라도 사랑의 표현과 스킨십을 자주 해 주는 것이 좋다. 칭찬과 인정은 움직이지 못하는 식물도 더 잘 자라게 한다는 연구 결과가 있다. '칭찬은 고래도 춤추게 한다'란 말처럼, 아이를 인정해 주고 사랑해 주는 말은 아이를 변화시킨다. 부모의 억압이나 방임이 아이를 아프게 한다.

아이가 힘들어할 때 읽으면 좋은 책

- **자신감이 부족하고 내성적인 아이**: 《숲 속에서》(시공주니어), 《천둥 케이크》(시공주니어), 《미운 돌멩이》(오늘), 《니모를 찾아서》(예림아이), 《까마귀 소년》(비룡소), 《내 귀는 짝짝이》(웅진주니어)

- **성적으로 고민하는 아이**: 《가끔씩 비 오는 날》(창비), 《고맙습니다, 선생님》(아이세움), 《너는 특별하단다》(고슴도치)

- **아이 문제로 고민하는 부모에게 도움이 되는 책**: 《엄마는 절대 모르는 10대 속마음》(지식너머), 《화내지 않고 말썽꾸러기 대하기》(우리교육)

- **공격적이거나 반대로 참기만 하는 아이**: 《또야 너구리의 심부름》(창비), 《고양이 마을 신 나는 학교》(문원), 《새끼 개》(낮은산)

- **자신을 탐구하고 싶은 아이**: 《연어》(문학동네), 《강아지똥》(길벗어린이), 《겨자씨의 꿈》(현암사), 《내 이름은 나답게》(사계절), 《갈매기의 꿈》(현문미디어)

- **공동체에서 다른 사람과 함께 지내길 어려워하는 아이**: 《새 친구가 이사 왔어요》(주니어RHK)

- **부모나 가족과 갈등이 있는 아이**: 《구슬이네 아빠 김덕팔 씨》(대교출판), 《너 누구 닮았니》(비룡소), 《밤티 마을 큰돌이네 집》(푸른책들)

- **아동기에 겪을 수 있는 아픔을 극복하기 위해**: 《아버지와 아들》(시공주니어), 《내 짝꿍 최영대》(재미마주), 《양파의 왕따일기》(파랑새어린이)

- **자신이나 친구, 아는 사람의 장애에 대해 이해하고 싶을 때**: 《오체불만족》(창해), 《내게는 소리를 듣지 못하는 여동생이 있습니다》(웅진주니어)

책 읽기가 일상이 되는 방법

"내가 책을 읽을 때 눈으로만 읽는 것 같지만 가끔씩 나에게 의미가 있는 대목, 어쩌면 한 구절만이라도 우연히 발견하면 책은 나의 일부가 된다."

—서머셋 몸, 영국 작가

송나라의 황제 태종은 책 읽기를 무척 좋아했다. 태종은 바쁜 국무 중에도 틈나는 대로 책 읽기에 몰두하였다. 황제의 건강이 걱정이 된 신하들은 좀 쉬어 가며 읽으라고 간하였다. 그러자 태종은 이렇게 말하며 신하들을 안심시켰다.

"책은 펼치기만 해도 유익하지. 그렇기 때문에 나는 조금도 피로를 느끼지 않는다네."

나폴레옹은 전쟁 중에도 책을 수레에 한 가득 싣고 다니며 읽을 정도로 책을 사랑했다. 그런 그가 독일의 대문호인 괴테를 만날 기회가 생겼다. 그 당시 괴테는 친구의 약혼녀를 사랑한 경험을 살려 《젊은 베르테르의 슬픔》을 썼는데, 이 책은 주인공 베르테르의 옷차림을 유행시켰을 뿐만 아니라 주인공을 따라 모방 자살을 하는 사람들까지 생길 정도로 폭발적인 반응을 얻었다. 나폴레옹은 괴테에게 "저는 이 책을 무려 일곱 번이나 읽었습니다"라고 했다. 콧대가 높았던 괴테는 이미 많이 들어 본 말이라 별 반응을 보이지 않았다. 이에 나폴레옹은 "그것도 전쟁터 한가운데에서요"라는 한마디를 덧붙여 괴테를 감동시켰다고 한다.

책 읽기를 통해 집중력과 논리력, 설득력을 키운 나폴레옹은 다른 사람과의 토론에서 지는 법이 없었다고 한다. 이렇듯 마음만 있다면 전쟁터에서도 읽을 수 있는 것이 책이다. 항상 책을 가까이하겠다는 마음만 있다면, 시간이 부족하다는 말은 변명이 될 수 없다. 이렇게 일상이 된 책 읽기는 우리 아이를 남다른 아이로 만들어 줄 것이다.

현수 엄마는 오늘부터 그동안 미루어 왔던 독서 교육을 실천하기로 마음먹었다. 평소 스스로 책을 잘 읽지 않는 현수에게 책을 읽어 주기로 결심한 것이다.

"현수야, 책 읽자."

"이것 좀 하고요."

"이리 와 봐. 오늘부터 매일 열 권씩 엄마랑 책 읽을 거야."

"열 권이나요?"

"…."

세 권, 네 권, 다섯 권…. 처음에는 집중을 잘하던 현수도 책이 쌓여 갈수록 몸을 비틀기 시작한다. 엄마도 점점 지쳐 간다. '그동안 제대로 못했으니, 열 권 정도는 읽어 줘야 해. 조금만 참자.'

"현수야, 엄마가 힘들게 읽어 주는데 너 자꾸 딴짓할래?"

"엄마, 좀 쉬었다 읽어요. 힘들어요."

현수는 이렇게 말하고 자리를 떠나 버렸다.

이 예화에서 보듯이, 너무 거창하거나 무리한 계획은 실천하기 힘들다. 그동안 한 권도 안 읽어 주다가 '그래, 결심했어!'라며 무리하게 시도하다가는 99퍼센트 작심삼일로 끝나고 말 것이다.

새로운 습관을 들이기 위해서는 적어도 21일이 걸린다는 연구 결과가 있다. 처음에 무리하게 시작하는 것보다 매일 한 권이라도 꾸준히 읽어 주는 것이 책 읽기 습관을 잡는 데 훨씬 좋은 방법이다. 하루에 열 권을 읽고 며칠을 쉬는 것보다는 매일 조금씩이라도 책을 접하는 것이 습관을 형성하는 데 좋기 때문이다. 또한 조금씩 늘려 간다면 아이도 엄마도 모두 부담스럽지 않게 책 읽기를 즐길 수 있다.

책 읽기가 일상이 되는 몇 가지 방법을 소개한다.

첫째, 가족이 독서할 수 있는 편안한 장소가 있어야 한다. 큰 책장과 탁자, 편안한 소파가 있는 곳 등이다. 보통 가정에서는 거실이나 서재가 이런 장소가 될 수 있다. 가족의 책을 모아 '가족 도서관'을 만들어 보는 것도 좋다.

둘째, 읽을 책의 제목을 잘 보이는 곳에 붙여 보자. 또한 한 줄 느낌을 포스트잇에 쓰고 곳곳에 붙여 두면 서로 감상을 공유하는 데 도움이 된다.

셋째, 휴일에는 집에서 큰 소리로 책을 읽어 보자. 톨스토이도 큰 소리로 책을 읽으면서 책 읽기의 즐거움을 만끽했다고 한다. 어른들도 아이 책을 큰 소리로 낭독하다 보면 절로 흥이 나는 것을 느낄 것이다. 아이들도 마찬가지다. 마치 연극이나 역할 놀이를 하듯이 큰 소리로 낭독하면 책 읽기의 즐거움을 더 크게 느낄 수 있다.

넷째, 늘 책을 갖고 다니자. 병원이나 식당에서 기다릴 때, 산책을 나가서 휴식을 취할 때도 책이 있으면 심심하지 않을 수 있다. 괴테도 늘 책을 가지고 다녔다. 링컨은 밭일을 할 때도 모자 속에 책을 넣고 다니면서 읽었다고 한다.

다섯째, 매일 읽자. 매일 10분이라도 책 읽는 습관을 꾸준히 들이는 것이 한꺼번에 많은 책을 읽는 것보다 좋다. 미국의 리더들은 초등학교 때 세계 명작 500권을 읽는다고 한다. 아이가 소양을 쌓을 수 있는 책을 매일 꾸준히 읽을 수 있도록 도와주자.

여섯째, 만만하고 재미있는 책부터 시작하자. 도움이 되는 책이라도 재미나 흥미가 없다면 계속 읽기 힘들다. 일단 습관이 되기 전까지는 만만하고 재미있는 책을 많이 읽게 하자. 학습 만화나 그림책, 판타지 동화도 좋다.

전집과 단행본을 균형 있게 엮으라

"책은 그것을 적절히 선택할 수 있는 독자에게 갖가지 즐거움을 안겨 준다."

—몽테스키외, 프랑스 사상가

"아이에게 어떤 책을 사 주는 게 좋을까요? 책 고르기 너무 힘들어요."

"전집을 사 줬는데 아이가 잘 안 봐요."

매달 전집을 한 질 구입해 주는 학부모도 있고, 책을 거의 사 주지 않는 학부모도 있다. 아이 수준에 맞는 책이 많이 있는 가정은 확실히 아이의 독서 습관이 잘 형성되어 있다. 반면에 책을 거의 사 주지 않고 집에 아이 책이 별로 없는 경우는 아이의 독서 습관이 잘 형성되지 않는다. 그나마 꾸준히 도서관을 이용해 빌려 보거나 주변 사람들에게 얻어 보는 경우는 낫지만, 집에는 아이만의 큰 책꽂이에 아이의 책이 가득 들어 있어야 한다.

여기에는 어떤 책들을 꽂아야 할까? 무턱대고 전집을 구입해 주자니 비용이 부담스럽고, 또 막상 사 줬는데 아이가 잘 읽지 않을까 걱정된다. 그런 경우라면 우선 도서관에서 그 전집의 책 몇 권을 아이에게 먼저 읽혀 보고 구입하는 것이 좋다. 가장 중요한 것은 아이의 관심과 수준이다. 아이의 수준에 맞지 않거나 아이가 관심을 갖지 않는 책을 단지 유명 출판사에서 나왔다거나 베스트셀러라는 이유만으로 무턱대고 구입하면 낭패를 보기 일쑤다.

전집을 고를 때는 몇 가지 사항을 고려해서 고르자. 우선, 학습 만화를 고를 때와 마찬가지로 전문가가 집필에 참여하거나 감수한 책을 고르자. 전집도 내용의 질이 천차만별이다. 아이들은 그림 자료를 좋아한다. 그림 자료는 아이의 이해를 도와주고, 부담도 줄여 준다. 다만, 그림 자료와 함께 제시되는 세부 설명이 충실해야 아이가 정보도 얻고, 새로운 사실을 알아 가는 재미도 느낄 수 있다.

전집이라고 번호 순으로 정리하거나, 같은 종류끼리 쭉 나열해 놓는다면 아이는 정리에 대한 심리적 부담을 느껴 질리기 쉽다. 아이가 언제든지 쉽게 꺼내 읽을 수 있도록 정리에 대한 부담을 줄여 주자. 책은 책꽂이에만 꽂혀 있어야 한다는 고정관념을 버리자. 소파 위나 식탁, 침대, 거실 바닥 등에도 책 바구니를 두면 언제 어디서든 책을 가까이할 수 있다.

또 서점에 자주 데리고 다니면서 아이의 수준과 흥미에 맞는 단행본을 구입해 주는 것이 좋다. 필자는 아이에게 매일 스스로 해야 할 과제를 내 주고, 아이가 이를 잘 지켰을 때는 주말에 함께 서점에 가서 아이가 좋아하는 책을 사 준다. 새 책을 선물 받는 기쁨이 크기 때문에 아이에게 열심히 공부하겠다는 동기부여가 된다. 꼭 선물이 아니더라도 자주 서점 나들이를 하면서 아이의 관심을 파악하고 좋아하는 책을 고르라고 하면 책 읽기는 더욱 긍정적인 경험이 된다.

지인 중에 한 분은 아이를 키우면서 직장 생활을 계속했는데, 아이를 돌봐 줄 사람이 없어서 직장 앞에 있는 서점에 아이를 맡겼다고 한다. 서점에 약간의 돈을 주고, 책도 많이 구입하기로 한 조건이었다. 그 덕분에 아이는 자연스럽게 책을 많이 접할 수 있게 되었고, 다른 아이들보다 지적으로 훨씬 뛰어난 사람으로 자랐다. 지금 그 아들은 자라서 서울에 있는 한 대학병원의 의사가 되었다.

단행본을 고를 때는 교과과정과 연계된 도서를 고르는 것도 하나의 좋은 방법이다. 미국은 학년별, 과목별로 100권 정도의 교과 연계 도서를 추천한다. 유치원부터 고등학교까지 모두 2만여 권이 되는데, 그 책들을 읽으며 리포트를 쓰고 수업 시간에 토론한다.

최고의 전문가들이 만든 우리나라 국정교과서에도 학생의 발달 수준에 맞게 엄선된 자료들이 수록되어 있다. 따라서 국정교과서에 수록된 글이나 자료의 원저, 관련 도서를 읽는 것이 큰 도움이 된다. 현장에서 보면 "수업 시간에 밑줄을 치면서 외우기에만 바빴는데, 교과와 관련된 책을 읽고 나니 저절로 이해가 돼요"라고 말하는 학생들이 많다. 이처럼 교과 연계 도서를 읽으면 어려웠던 수업 내용이 쉽게 이해된다.

초등 저학년은
책 읽는 재미를 아는 시기

"어린이에게 절대로 많은 것을 가르치려고 해서는 안 된다. 그보다는 하나라도 정확하게 가르쳐야 한다. 타고난 능력을 헤아려 200자를 배울 만한 아이에게는 100자만 가르쳐 더 할 수 있는 여지를 남겨 둬야 한다. 그러면 책 읽기에 싫증을 느끼지 않을 것이고, 스스로 깨달아 좋은 결과를 얻을 수 있다."
— 조선시대 대학자 이덕무의 《간서치전》 중에서

1~2학년은 책 읽는 재미를 아는 시기다. 이때는 책을 통해 무언가를 얻는 데 중점을 두기보다는 책 읽기 자체를 즐기는 것으로 충분하다. 특히 이때 올바른 독서 습관을 가질 수 있도록 부모의 적극적인 관심이 필요하다. 저학년 때는 아이가 비교적 부모의 말을 잘 따르고, 부모와 함께 있는 시간적 여유도 많기 때문이다.

저학년은 앉아서 책 읽는 것보다 밖에 나가서 노는 것을 더 좋아할 때다. 유아나 저학년 아이들은 아직 오랫동안 가만히 앉아 집중하기 힘들다. 그렇다고 아이의 바람대로 밖에서만 놀게 하면 책은 한 권도 보지 않아 엄마들의 마음은 불안해진다. 그럴 때는 나가기 전 한두 권을 읽고 나가자고 하는 것이 좋다.

필자의 딸도 어릴 적 밖에 나가서 놀기를 좋아했다. 엄마의 욕심으로는 차분히 앉아서 책을 읽으면 좋으련만, 안에 있는 시간보다 나가 있는 시간이 더 많았다. 매번 내가 밖에 데리고 나가기도 힘들고, 그렇다고 혼자 나가라고 하자니 불안하기도 했다. 그러나 언제까지 부모가 따라다닐 수도 없고, 결국 부모가 할 일은 자녀가 스스로 잘 헤쳐 나갈 수 있도록 기회를 주는 일이란 생각이 들었다. 아이와 정해진 시간 동안 정해진 장소에서 놀기, 아는 친구가 있을 때만 밖에서 놀기로 약속하고 혼자 내보내기 시작했다.

초등학교에 입학한 후에는 학교 도서관에서 책을 읽은 후에 나가서 놀도록 했다. 처음에는 책보다는 밖에 나가서 노는 것에 더 관심이 많았지만 차츰 도서관에서 친구도 만나고 같이 책을 읽으면서 독서에 재미를 느끼기 시작했다. 돌아와서는 "엄마, 저 오늘 도서관에서 책 많이 읽고 왔어요. 한 열 권쯤 읽었어요"라고 자랑하기도 했다.

물론 처음부터 끝까지 정독했다거나, 차분히 앉아서 읽는 걸 기대하진 않았다. 도서관, 책과 점점 친해지기를 바랐을 뿐이다. 방과 후에는 자연스럽게 학교 도서관에서 책을 읽은 후, 친구와 운동장이나 놀이터에서 놀다가 시간에 맞춰 학교 방과 후 프로그램 등에 갔다.

이때는 아이가 학습적인 것을 많이 소화할 수 있는 시기가 아니다.

아이의 발달 수준을 고려해서 책에 흥미를 느끼게 하는 것만으로도 성공이다.

저학년 때는 무리한 독서 교육이나 학습보다는 자연 속에서 호기심을 충족하고 몸과 마음을 건강하게 하는 것이 더 중요하므로 책을 보느라 야외 활동을 막는 것은 권하지 않는다.

1학년 아이들은 상상력도 왕성하고, 주변의 사물이나 책 속의 주인공이 마치 현실인 것처럼 대화를 나누고 느낄 수 있다. 이럴 때 아름다운 이야기책은 아이의 정서 발달에 큰 도움이 될 것이다. 초등학생이 되었다고 글만 있는 책이나 두꺼운 책을 권하지는 말자. 아름다운 글과 그림이 적절히 조화된 책을 골라 주자. 감성 교육이나 인성 교육에 관한 내용이 담긴 책도 필요하다. 자기 존중이나 자신감과 관련된 책, 타인을 배려하고 이해할 수 있는 감성을 키우는 책, 타인에 대한 예절, 자기 조절 능력 등에 대해 배울 수 있는 책이 좋다.

가장 좋은 것은 자녀가 책을 잘 보면 부모가 흐뭇한 모습을 자연스럽게 표현해 주는 것이다. 이때 아이와 적당한 거리를 유지하는 것이 중요한데, 아이가 책을 많이 읽었다고 마치 부모가 시키는 것을 잘해서 좋아하는 것처럼 보여선 안 된다.

반대로 읽지 않는다고 지나치게 속상해하면서 안달하면 아이는 오히려 책 읽기와 더 멀어지는 경우가 많다. 어디까지나 책을 읽어서 도움이 되는 것은 자녀이며, 이것은 자녀 스스로 하면 가장 좋은 일이라는 것을 기억하고, 엄마는 한발 물러서서 그 행동이 무엇보다 아이 자신에게 도움이 된다는 사실을 알려 주고 칭찬해 주어야 한다.

잘못된 칭찬: "엄마가 하라는 대로 책도 잘 읽는구나. 정말 장하다!"

좋은 칭찬: "책을 읽어서 점점 아는 것도 많아지고, 생각도 풍부해지는구나! 책 읽는 것이 도움이 되지? 정말 장하다!"

핵심은 엄마가 원해서 책을 읽는 것이 아니라, 자신에게 도움이 되기 때문에 하는 것임을 엄마의 칭찬이나 긍정적인 반응으로 아이가 깨닫는 것이다. 엄마가 안달하는 모습, 강요하는 모습은 보이지 않는 것이 좋다.

초등 저학년이 읽으면 좋은 책

- 일상생활과 밀접한 이야기
- 옛이야기
- 인성과 관계된 이야기
- 창작 동화

전래 동화나 명작 동화에 나오는 잔인한 장면은?

부모들은 전래 동화나 명작 동화에서 주인공이 악당을 물리치는 잔인한 장면들이 혹시 아이들에게 좋지 않은 영향을 끼칠까 봐 걱정한다. 반면에 아이들은 서사성과 유머, 권선징악 등의 요소를 고루 갖추고 있는 이런 동화들에 빠져든다. 이런 이야기들은 주로 입으로 전해져 온 것이기 때문에 운율과 반복이 있어 더욱 재미있게 읽을 수 있다.

따라서 이야기 속 갈등 상황이 지나치게 교육적으로 원만히 해결되기만 한다면 오히려 아이들은 재미를 느끼지 못할 것이다. 이런 장면에서 아이들은 주인공과 자신을 동일시하기 때문에, 분명한 권선징악이 아니면 오히려 좌절감을 느낄 수 있다. 나쁜 일에 대한 분명한 징계와 착한 일에 대한 확실한 보상이 아이들의 정서에 맞다. 저학년 아이들은 이런 명확한 권선징악적 내용을 더 쉽게 이해하고 재미있게 읽을 수 있다.

초등 중학년은 교과 관련 도서와 학습 만화로 배경지식 넓히기

"책은 가장 조용하고 변함없는 벗이다. 책은 가장 쉽게 다가갈 수 있고, 가장 현명한 상담가이자 가장 인내심 있는 교사다." —찰스 엘리엇, 미국 학자

3~4학년이 되면 학습 만화를 가장 많이 읽는 시기다. 또래 집단 사이에서 유행처럼 번지는 것도 그 이유가 된다. 앞에서 학습 만화의 장단점을 살펴봤듯이, 학습 만화도 적절히 활용한다면 득이 되는 경우가 많다. 특히 사회, 과학, 역사 분야에서는 학습 만화를 통해 폭넓은 지식을 쉽고 재미있게 습득할 수 있기 때문에 권하고 싶다.

학습 만화의 단점으로 꼽히는 어휘 부족이나 상상력 제한은 일반 문학 작품을 적절히 조화시켜 읽으면 충분히 보완할 수 있다. 창작 동화나 고전 명작 등의 책은 스토리로 되어 있기 때문에 이 역시 아이들이 재미있게 읽을 수 있다.

4학년이 되면 학부모와 학생들이 입을 모아 하는 말이 있다.

"공부가 갑자기 확 어려워졌어요."

이 말은 맞다. 학습량이 급격히 증가하는 이 시기에는 자칫하면 '공부는 어렵다' '힘들다'라고 생각하기 쉽다. 이럴 때 교과 관련 도서와 학습 만화를 통해 학습에 대한 부담을 줄여 주고, 앞으로의 공부에 탄탄한 기반을 마련해 줄 수 있다. 학습 만화로 예습을 하거나 배우는 내용과 관련된 이야기를 만화로 보면 훨씬 쉽게 이해할 수 있고, 폭넓은 배경지식 덕분에 더 깊이 있는 공부가 가능하다.

이 시기에 좀 더 다양한 정보 제공을 위해 백과사전 구입을 고려하는 학부모가 많다. 그러나 비싼 가격 때문에 구입을 망설이기도 한다. 요즘에는 인터넷 백과사전도 충분히 잘되어 있어서, 예전처럼 아이 숙제를 위해 두꺼운 백과사전을 찾아야 하는 일은 드물다. 또한 비싼 돈을 들여 백과사전을 사 주었는데 아이가 재미없다고 읽지 않으면 어쩌나 하는 걱정도 있다. 백과사전은 정보 위주의 딱딱한 내용이기 때문에 과연 아이가 읽을지 의심스러운 것이다.

인터넷 백과사전은 자신이 관심 있는 분야를 골라 찾아보기에는 좋지만, 여러 가지 부작용도 많다. 백과사전을 찾아보기 위해 컴퓨터를 켰다가 게임이나 인터넷 서핑 등 다른 유혹에 빠지기 쉽기 때문이다.

요즘에는 여러 종류의 어린이 백과사전이 많이 나와 있다. 백과사전은 관심 영역을 넓혀 주는 역할을 한다. 백과사전을 구입하기 전에 미리 서점이나 도서관에서 한두 권 찾아 읽어 보고, 아이가 좋아하는 백과사전으로 골라 주는 것이 좋다.

초등학교 중학년이 되면 또래 친구와의 관계가 중요해지고 사회성이 발달하기 때문에 독서에 대한 관심과 흥미를 위해 책을 많이 읽는 또래 친구와 만날 수 있는 기회를 주는 것이 좋다. 아이들은 또래에게 더 강한 자극을 받는다. 서현이라는 학생도 책 읽기에 관심이 없었는데, 책을 좋아하는 윤진이와 친해지면서 점점 윤진이를 따라 책을 읽기 시작했다. 윤진이가 책을 열심히 읽으니 서현이도 책에 관심을 보이고, 점심시간이나 방과 후에 두 아이가 도서관에서 함께 책을 읽으며 놀기도 했다.

초등 중학년이 읽으면 좋은 책

-과학 관련 책

-어린이 백과사전

-위인전

-우정에 관한 책

-모험 동화

초등 고학년은 책으로
삶과 역사에 관해 탐색하기

"책은 꿈꾸는 것을 가르쳐 주는 진짜 선생이다." —바슐라르, 프랑스 철학자

"학원 가느라 바빠서 책 읽을 시간이 없어요. 시간 있으면 게임하거나 만화책 봐요."

5~6학년이 되면 학원에서 밤 10시에 집에 돌아오는 아이, 밥 먹을 시간이 없어 패스트푸드나 인스턴트식품으로 끼니를 때우는 아이들을 많이 본다. 저학년 때까지는 책을 좋아했던 아이도 고학년이 되면서 책과 멀어지는 경우도 많다.

그러나 이때 손에서 책을 놓으면 책과는 점점 더 멀어지게 된다. 중학교, 고등학교에 가면 더욱 바빠지기 때문이다. 나중에 공부 마라톤을 위한 지적 체력을 비축하기 위해서는 학원보다는 책 읽기가 답이다. 지식 하나를 머릿속에 더 집어넣는 것보다, 가슴속에 끓어오르는 열정, 간절함, 꿈이 훨씬 더 강력한 추진력을 낼 수 있기 때문이다.

고학년이 되면 생각이 많아지고 사회에 대한 관심도 커진다. 또한 자기 정체성에 대해 생각하게 되는 시기다. 이럴 때는 아이가 스스로에 대해 더 깊이 고민할 수 있도록 자아 탐색적 책 읽기가 필요하다.

미국인들이 가장 존경하는 대통령으로 꼽는 링컨 대통령은 가난한 어린 시절을 보냈다. 그의 집은 책 한 권을 사기도 힘들 만큼 가난했다. 더욱이 그는 친어머니를 병으로 일찍 여의고 새어머니와 함께 살게 되었다. 다행히 새어머니는 링컨을 잘 보살폈고, 링컨에게 책을 읽으라고 권해 주었다. 《성서》, 《이솝우화》, 《로빈슨 크루소》, 《천로역정》, 《아라비안나이트》 등이었다. 그는 새어머니에게 글을 배우며 책 읽는 재미를 알아 가고 지식을 넓혀 나갔다. 그에게 가장 큰 영향을 끼친 중요한 책은 《워싱턴의 생애》였다. 그는 이 책을 읽고, 워싱턴 같은 큰 인물이 되겠다고 마음먹었다. 책 한 권이 사람의 인생을 바꾼 것이다.

이렇듯 뚜렷한 목표와 꿈이 있는 것과 없는 것은 하늘과 땅 차이다. 자기 계발 분야의 세계적인 권위자인 브라이언 트레이시는 목표가 없는 삶은 안개 속에서 전조등도 없이 차를 운전하는 것과 같지만, 목표가 있는 삶은 전조등을 환하게 밝히고 달리는 것과 같다고 비유했다.

우리 아이도 부모나 선생님의 강요나 압력 때문에 수동적으로 공부한다면 좋은 결과를 얻기 어렵다. 열심히 하는 것 같지만 실상은 안개 속에서 방황하는 공부를 하고 있는 것이다. 왜 해야 하는지, 무엇을 열심히 해야 하는지 제대로 알지도 못한 채 누군가의 기대와 요구에 반응하고 있기 때문이다. 반면에 꿈과 목표가 있는 아이는 자기 스스로 필요를 찾고, 그 필요한 것을 채우기 위해 자신의 모든 노력을 기울일 수 있다. 물론 어려서 정한 목표는 바뀔 수 있다. 그렇다고 지금까지 한 노력이 모두 수포로 돌아가는 것은 아니다.

아이가 자신의 적성과 흥미, 꿈을 찾는 데 있어서 꿈을 이룬 위인들의 전기가 도움이 된다. 아직 꿈을 찾지 못한 아이도 위인들의 인생을 간접적으로 체험하면서 '아, 이 일이라면 가슴 뛰는 삶을 살 수 있겠구나!' 하고 느낄 수 있게 된다. 그 인물이 어떻게 살았는지, 어떤 과정을 거쳐 꿈을 이루었는지를 '꿈 노트'에 기록해 보는 것도 좋다.

우리나라 주식 펀드 분야에서 가장 성공한 사람 중 한 명인 박현주 회장은 39세에 미래에셋그룹을 창업했다. 그는 이미 32세에 지점장을 달고 승승가도를 달리는 젊은 금융인이었다. 그의 부모님은 그에게 어린 시절부터 위인전 읽는 것을 강조하셨다고 한다. 그는 많은 책을 읽으며 자신이 경제 분야에 적성과 흥미가 있다는 것을 자연스럽게 알게 되었다고 한다. 특히 그는 경제 분야에서 큰 업적을 남긴 위인들의 책을 많이 읽었다. 그 덕분에 자신이 가고자 하는 길을 먼저 간 사람들을 롤 모델 삼아 그들의 삶을 배우고 또 자기만의 스타일도 개척할 수 있었다고 한다.

청소년기, 심지어 성인이 되어서도 자신이 무엇을 잘하는지, 무엇을 좋아하는지 모르는 사람이 많다. 어릴 때부터 위인전을 많이 읽은 아이들은 그렇지 않은 아이들보다 자신의 꿈을 빨리 발견할 가능성이 높다. 이와 더불어 위인들의 삶을 통해 무엇이 진정으로 가치 있는 인생인지도 배울 수 있게 된다.

위인의 생애 분석

위인 이름: _____

책 제목: _____

읽은 기간: _____

출판사: _____

위인이 성공하기까지의 과정: _____

위인이 겪은 어려움과 어려움을 극복하기 위해 노력한 점: _____

위인의 행동을 통해서 느낀 점과 본받을 점: _____

이 책을 읽고 생각한 나의 생애 목표와 결심: _____

아이가 위인전을 읽으면서 자신의 관심 분야를 발견했다면 주제가 있는 책 읽기를 해 보자. 환경, 과학, 경제, 의학 등 주제를 정해 책을 읽는 것이다. 이를 통해 깊이 있는 지식을 쌓을 수 있다. 자아 탐색적 책 읽기의 좋은 점은 롤 모델을 찾을 수 있다는 것이다.

롤 모델은 고속도로 표지판이나 내비게이션처럼 어떤 길을 가야할지 모를 때 적절한 지침을 제공한다. 성공한 사람들은 책을 통해 이렇게 말하고 있다.

"이 길로 왔더니, 내가 지금 이렇게 성공하지 않았느냐?"

성공한 사람들이 간 길보다 더 중요한 것은 그들의 마음가짐과 노력하는 자세일 것이다. 우리나라 대통령들도 어린 시절부터 책 속에서 롤 모델을 발견하고, 뚜렷한 목표 의식을 갖고 살았다고 한다. 최진의《대통령의 독서법》을 보면 이승만 대통령은 성삼문을, 박정희 대통령은 나폴레옹과 이순신을, 전두환 대통령은 맥아더 장군을, 김대중 대통령은 넬슨 만델라를, 노무현 대통령은 링컨을, 이명박 대통령은 정주영을 각각 롤 모델로 삼았다고 한다. 대통령의 삶이 그들의 롤 모델과 많이 닮아 있지 않은가?

고학년이 되어 사춘기가 찾아온 아이에게는 삶을 풍요롭게 해 주는 소설, 시, 예술 작품 등 다양한 미적 세계를 접하게 해 주는 것이 좋다. 이런 것을 통해 스스로 깨닫고 느끼고 감동받는 것이 중요하다. 아직 책의 맛을 모르는 아이에게는《나의 라임 오렌지 나무》나《내 짝꿍 최영대》등과 같이 쉽고 감동적인 이야기로 접근하는 것이 좋다. 한 권의 책이라도 '가슴이 뭉클해지는 경험'을 했다면 성공이다. 이런 경험은 책을 읽은 후에도 오랫동안 가슴에 남아서 아이가 살아가는 데 힘을 주기 때문이다.

고학년이 되면 자아 탐색적 책 읽기와 더불어 역사책 읽기도 시도해야 한다. 교과목에서 역사 관련 내용을 배울 뿐만 아니라, 역사책을 받아들일 만한 시기가 되었기 때문이다. 안계환의《성공하는 사람들의 독서 습관》에서 성공한 사람으로 소개한 손욱 서울대 교수는, 삼성의 핵심 요직을 거쳐 농심 회장을 지내고 지금은 대학에서 학생들을 가르치고 있다. 그는 '한국의 잭 웰치'라 불리며 혁신가로 이름을 날렸는데, 그런 그의 혁신 뒤에는 과거를 보고 배우는 그만의 독서법이 있었다. 그는 역사책을 많이 읽고, 흘러간 역사 속에서 진리나 깨달음을 얻었다. 그 덕분에 경제 분야의 전문가가 지금은 서울대학교 교수로 인문학 강의를 능히 할 수 있는 실력을 갖췄다. 역사 인물을 통해 많은 것을 배우고, 그렇게 쌓은 인문학적 지식을 경영 현장에 적용해 혁신가로서 이름을 날린 것이다.

대한민국의 독립을 위해 일생을 바치고 임시정부의 주석이 된 김구도 역사책 읽기를 통해 역사의식을 키우고 나라를 위해 애쓰는 인물이 되었다. 그는 가난한 상민의 신분으로 태어나 양반과 평민이 고루 잘살 수 있는 사회를 꿈꾸었다. 바른 성정과 뚜렷한 역사의식, 애국심을 가진 그는 일본인들이 조선인을 우습게 보는 것을 견딜 수 없었다. 결국 그는 조선인을 괴롭히는 일본인을 덮쳐 감옥에 가게 되었다. 그러나 그곳에서도 책을 읽으며 더욱더 역사의식을 키웠다. 특히 세계사를 읽으며 거시적인 관점을 키울 수 있었다. 그는 지속적인 독서 활동을 통해 세상을 넓게 볼 수 있었고, 무엇보다 나라의 힘을 키우는 것만이 조국을 지켜 내는 길이라는 굳은 신념을 갖게 되었다. 이런 신념이 그가 독립운동을 할 수 있도록 도와주었고, 지금의 대한민국이 있는 데 큰 기여를 했던 것이다.

부모의 기대와는 다르게 고학년이 되면 역사책보다는 만화나 판타지, 로맨스 소설에 빠지는 아이들이 많다. 부모로서는 이제 양질의 책을 읽었으면 좋겠는데, 한 분야의 책만 편식하는 아이를 보면 마음이 편치 않다. 게다가 아이가 읽고 있는 책을 훑어보니, 그 내용이 지나치게 유치하거나 단순해서 아이의 지적 발달에 전혀 도움이 되지 않을 것 같다. 이런 책을 가끔씩 읽는 것은 괜찮지만, 이런 책만 읽는다면 다른 쪽으로 유도해 주는 것이 좋다. 이럴 때는 부모가 함께 책을 읽고 이야기하면서 그 책을 비판해 보는 것도 좋은 방법이다.

"넌 뭐 이런 책을 읽니?"라며 무조건 비판만 하는 것이 아니라, 책을 함께 읽고 좋은 부분은 인정해야 아이가 마음을 열 수 있다.

"엄마도 읽어 보니 재미있는 부분이 있구나. 그런데 이런 부분에서는 좀 폭력성이 짙은 것 같은데 네 생각은 어때?"

또는 책 속의 인물을 비판해 보는 것도 좋다.

"주인공이 너무 거칠게 행동했는데, 그것을 당하는 사람은 어떤 기분이 들까?"

"만약 그런 사람이 세상에 많다면 우리는 어떻게 될까?"

그리고 아이에게 재미있고 감동적인 문학책을 권해 주자. 《나의 라임 오렌지 나무》, 《연금술사》 등의 책은 재미있으면서도 깨달음을 얻을 수 있는 책들이다. 이런 책을 통해 얻는 감동과 뿌듯함은 그동안의 책들과는 확연히 다름을 아이도 느낄 것이다. 만약 아이가 이런 책은 읽으려고 시도조차 않는다면, 늦었다고 생각하지 말고 자기 전에 책을 읽어 주자. 앞서 대학생에게도 책 읽어 주는 것이 효과가 있다는 연구 결과를 언급했는데, 초등학교 고학년이라면 책 읽어 주기의 효과는 더더욱 빛을 발할 것이다.

고학년이 되면 재미있으면서도 넓은 세상을 꿈꿀 수 있는 활동이 있다. 바로 '세계 독서 지도 만들기' 활동이다. 거실 벽에 큰 세계지도를 붙여 놓고, 자신이 읽은 책의 저자가 태어난 나라나 책의 배경이 된 곳을 찾아 스티커를 붙이는 활동이다. 이런 활동은 아이의 시야를 넓히고, 더 넓은 세계로 나아가는 발판이 되어 줄 것이다.

지금까지 저학년, 중학년, 고학년의 책 읽기에 대해 알아봤다. 저학년은 책에 대한 흥미와 관심을 최우선 목표로 두고, 짧고 다양한 책을 최대한 많이 읽는 것이 중요하다. 이에 반해 고학년은 좀 더 깊이 있게 생각할 수 있는 책을 읽어야 한다. 필자는 이를 '독서 피라미드'라 이름 붙였다. 피라미드 모양인 이유는, 저학년은 짧고 재미있는 책을 많이 읽는 '양적 독서'가 중요한 반면, 고학년으로 갈수록 단한 권이라도 수준 높은 책을 천천히 깊이 있게 읽는 '질적 독서'가 중요하기 때문이다.

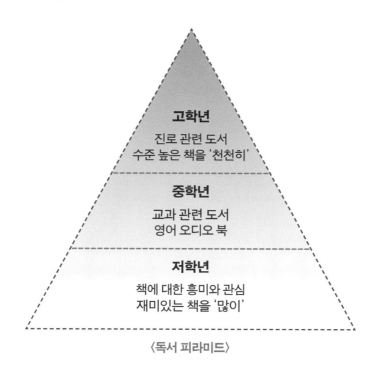

〈독서 피라미드〉

초등 고학년이 읽으면 좋은 책

-역사 관련 책

-자신의 진로와 관련된 책

-사회 · 정치 관련 책

-철학 동화

-성장 소설

아이가 축구와 컴퓨터만 좋아한다면

아직 초등학생이므로 에너지를 발산할 기회를 주는 것이 좋다. 친구들과 밖에서 신 나게 축구할 수 있도록 해 주고, 집에서는 부담 없이 가볍게 읽을 수 있는 단편소설이나 산문, 역사나 세계사 만화 등을 읽도록 권해 주자.

잠들기 전에는 아이와 대화하며 책 한 권 정도를 읽어 주자. 아이가 마음의 안정을 느끼고 부모와 소통할 수 있게 될 것이다.

교과서만 제대로 읽어도
상위 5퍼센트가 가능하다

"책은 한 번 읽으면 그 구실을 다하는 것이 아니다. 거듭 읽고 애독하며, 다시 손을 떼어 놓을 수 없는 애착을 느끼는 데서 그지없는 가치를 발견할 것이다."
— 러스킨, 영국 비평가

동양의 현인 공자는 책을 읽으면 죽간을 묶은 가죽 끈이 여러 번 끊어졌는데, 그 이유가 하도 여러 번 읽었기 때문이라고 한다. 요즘 시대로 치면 페이지가 너덜너덜해질 때까지 읽은 것이다. 교과서를 비롯한 중요 서적은 이렇게 공자식 독서를 해야 한다.

우리나라 3대 고시인 사법고시, 외무고시, 행정고시를 모두 합격한 고승덕은 자신의 합격 비결로 '10'이라는 숫자를 말했다. 아무리 열심히 하는 사람이라도 자신처럼 열 번씩 책을 반복해 보지는 않는다는 것이었다. 주변에 열심히 한다는 사람도 여섯 번까지 반복하는 것을 보았지만, 자신처럼 열 번씩 반복해 읽는 사람은 보지 못했다고 말한다.

실제로 필자가 가르친 학생 중에도 시험 때마다 매번 만점을 받는 학생이 있었다. 웬만큼 해서 좋은 점수를 받을 수 있지만 매번 만점을 받는 것은 쉬운 일이 아니다. 완벽히 이해해야만 가능하기 때문이다. 하루는 아이를 불러다가 어떻게 공부하느냐고 물었더니 이렇게 답했다.

"시험 보기 전에 교과서를 열 번씩 읽어요."

이 말을 듣고 "아!" 하는 탄성이 나왔다. 그 아이는 마치 소설책을 읽듯이 교과서를 읽는다고 하였다. 공부하고 외워야 한다는 생각으로 스트레스를 받으면서 여러 번 읽는 것이 아니라 소설책을 읽듯이 재미있게 읽는다는 소리다.

그렇다고 슬렁슬렁 넘기면서 읽는 것은 좋지 않다. 교과서처럼 중요한 책은 자세히 봐야 한다. 실제로 한 교육기관의 연구 결과 상위 5퍼센트와 그렇지 않은 아이들에게 어려운 책을 주고 밑줄을 그으면서 읽도록 했다. 그런데 두 집단 사이에 확연한 차이가 드러났다. 보통 아이들은 여러 번 읽어도 같은 부분에 밑줄을 그었다. 그러나 상위 5퍼센트의 아이들은 읽을 때마다 밑줄 긋는 부분이 달랐다. 그 이유는 공부를 잘하는 아이들은 자신이 모르는 사실에 집중해서 보기 때문이다. 반복해 읽으면서 새롭게 알게 된 내용이나, 세부 내용들에 새롭게 밑줄을 그으면서 읽은 것이다.

《대통령의 독서법》에는 노무현 대통령이 고시에 합격하게 된 과정이 나온다. 공부할 때도 전공 서적을 마치 소설책 읽듯이 빠르게 여러 번 읽었다고 한다. 처음에는 모르는 것투성이였지만 여러 번 반복해 읽으면서 전체적인 메시지를 알 수 있었다고 한다.

교과서는 어떻게 읽으면 좋을까? SQ3R 방법을 적용해 보자. 이는 학습을 목적으로 한 독서를 위해 미국 심리학자인 로빈슨이 개발하였다. 처음에는 대학생들의 읽기 수준을 향상시키기 위해 고안되었지만 대학생뿐만 아니라 초·중·고등학교 학생들에게도 효과적인 학습 방법으로 인정되어 널리 사용되고 있다.

첫 단계는 '훑어보기(Survey)'로 글을 자세히 읽기 전에 제목이나 소제목, 차례, 삽화, 처음과 끝 부분 등 글 전체를 훑어보고 그 대강의 내용을 짐작해 본다.

두 번째 단계는 '질문하기(Question)'로 '이 책을 읽는 데 시간이 얼마나 걸릴까?' '작가가 이 글을 쓴 목적은 무엇일까?' '이 글이 나에게 어떤 의미가 있을까?' 등 훑어보기 한 내용을 바탕으로 자신에게 질문해 보는 단계다. '훑어보기'와 거의 동시에 이루어진다. 이 두 번째 단계까지는 평상시 어떤 책을 골라 읽을 것인가를 고민하면서 하는 생각들을 좀 더 체계적으로 하게 된다.

세 번째 '자세히 읽기(Read)'는 가장 중요한 단계로 글을 읽어 나가면서 내용을 자세히 확인하고 파악하는 단계다. '질문하기'에서 품었던 질문에 대한 답을 찾는 데 주의를 기울이고, 새로운 의문점이나 궁금한 점 등을 메모해 가며 읽는다.

네 번째 단계인 '되새기기(Recite)'는 지금까지 읽은 내용들을 마음 속으로 정리하고, 글쓴이가 글을 쓴 동기나 목적, 그리고 글의 핵심 내용이 무엇인지를 생각해 보는 단계다.

마지막 다섯 번째 단계인 '다시 보기(Review)'는 글 전체의 내용을 정리하는 단계로, 글의 내용을 다른 사람에게 이야기해 보거나, 글의 내용에 자신의 생각을 보태어 한 편의 글을 스스로 써 봄으로써 내용을 더욱 분명히 이해하고 기억할 수 있다.

이를 교과서 읽기에 적용하면 다음과 같다.

우선 학습 목표를 생각하면서 읽는다. 교과서는 학습 목표를 이해 시키기 위한 자료다. 그러므로 학습 목표를 염두에 두면서 읽자. 시 험문제는 학습 목표를 얼마나 잘 달성했는가를 평가한다. 그러므로 학습 목표가 곧 문제가 되는 것이고, 그 문제의 보기가 교과서에 나 온 그림, 사진, 표, 지문 등의 글이 되는 것이다. 물론 숫자나 자료는 약간씩 바뀔 수 있지만 학습 목표를 충분히 이해했다면 자료가 조금 바뀌어도 적용이 가능하다.

앞에서도 언급했지만 반복해 읽으면서 새롭게 안 내용, 세부적인 내용에 주목하면서 읽도록 하자. 흔히 중요한 핵심만 짚고 넘어가는 경우가 있는데, 만점이나 최상위 점수를 목표로 한다면 세부 내용에 도 주목해야 한다. 특히 교과서에 나온 것은 모두 중요하다고 할 수 있으므로 삽화나 말주머니 등 작은 글씨 하나도 놓치지 않고 꼼꼼하 게 보는 것이 중요하다.

핵심 단어, 중요한 용어는 꼭 암기하도록 하자. 단어의 뜻만 제대로 알고 있어도 응용이 가능한 문제가 많다. 용어를 제대로 이해하고 써야 서술형 문제, 앞으로 논술에서도 좋은 점수를 받을 수 있다.

SQ3R 방법으로 교과서 읽기

- **훑어보기(Survey)**: 글을 읽기 전에 단원 제목이나 학습 목표를 보고 추측하는 단계다. 특히 학습 목표를 통해 꼭 알아야 할 내용이 무엇인지 생각해 본다.
- **질문하기(Question)**: 글을 읽으면서 육하원칙(누가, 언제, 어디서, 무엇을, 어떻게, 왜)으로 스스로에게 질문하는 단계다. 교과서를 읽으면서 '어떻게 이렇게 되었을까?' '왜 이렇게 되었을까?' 하고 스스로 질문을 던지는 것이 중요하다.
- **자세히 읽기(Read)**: 처음부터 하나하나 꼼꼼히 읽는 단계다. 교과서에 나와 있는 작은 글씨, 그림, 표, 삽화 등을 빼놓지 않고 자세히 읽는다.
- **되새기기(Recite)**: 암기 단계로 지금까지 읽었던 내용 가운데 핵심 사항이나 꼭 기억해야 할 부분을 외우는 단계다. 가장 중요한 핵심 용어를 외우고, 관련된 내용을 이해하며 읽는다.
- **다시 보기(Review)**: 복습 단계다. 이해되지 않는 부분, 중요한데 외우지 못한 부분을 다시 한 번 보면서 확실히 짚어 나간다.

책 읽기와 놀이로
수학적 힘을 기르자

우리나라 학생들은 수학을 가장 어려운 과목으로 꼽는다. 어려서부터 반복적 연산과 단순한 공식 대입, 이해하지 못하는 어려운 문제들로 지쳐 있기 때문이다. 이러한 이유로 빠르면 초등학교 중학년부터 아예 수학을 포기해 버리는 '수포자'가 생겨나는 것이다. 그러나 수학을 책 읽기와 놀이로 접근한다면 수포자가 아니라 '수즐자(수학을 즐기는 자)'가 될 수 있다.

초등학교 중학년까지 수학을 놀이로 접근해야 하는 이유는 아동의 발달 단계와 관련이 있다. 7~11세는 구체적 조작기로, 구체적인 사물과 구체적인 행위에 대해서만 체계적으로 사고하고, 직접적인 경험을 통해서만 인지를 획득하게 된다. 그 이후인 12세부터는 형식적 조작기로, 직접 경험하지 않고 구체적 대상이 없어도 머릿속에서 생각할 수 있고 문제의 여러 측면을 종합하고 해결 방안을 찾을 수 있다. 고학년이 되어야 추상적인 세계에 대해서도 논리적 사고를 할 수 있는 것이다.

모든 학습은 처음 접할 때가 중요하다. 사람의 첫인상이 중요한 것처럼 아이가 처음 수학을 접할 때 '지겹다' '어렵다'는 생각이 들지 않도록 해 줘야 한다. 예전에는 사칙연산 문제가 반복적으로 나열되어 있는 학습지를 로봇처럼 풀기만 했다. 이런 수학은 당연히 지겨울 수밖에 없다. 요즘 수학책에는 계산기 활용법에 관한 내용이 나온다. 계산보다는 문제 해결력, 응용력, 적용력이 더 중요한 시대가 된 것이다. 계산은 빠르게 하기보다는 정확하게 '할 수 있으면' 된다. 반면 놀이는 아이가 가장 좋아하는 것이다. 놀이를 통해 수학에 접근하면 수학의 첫인상이 '즐거운 것' '쉬운 것'으로 바뀐다.

놀이로 접근할 때 보드게임을 활용하면 좋다. 어른들도 즐겨 하는 '블루마블 게임'이 좋은 예다. 주사위 두 개를 던지면서 더하기의 개념을 저절로 익힐 수 있고, 모형 돈을 주고받으며 돈 계산을 배우고 수학적 감각을 키울 수 있다. 이렇게 게임을 통해 더하기, 빼기, 수의 자릿값 등을 익힐 수 있다.

2학년이라면 구구단을 익힐 때다. 이때 '셈셈 테니스' 같은 보드게임을 활용하면 굳이 구구단을 억지로 외우지 않아도 된다. 놀이를 하다 보면 구구단을 절로 익힐 수 있기 때문이다. 이밖에도 '가우스 X'라는 게임도 구구단을 익히는 데 도움이 된다.

이외에도 도형과 공간의 개념을 익히는 데는 '우봉고' 게임이 좋다. 이 게임은 여러 가지 모양의 도형을 이리저리 돌리면서 정해진 공간에 맞추는 게임이다. 이 게임을 하면 자연스럽게 공간 감각이 향상된다.

게임뿐만 아니라 일상생활 속 습관을 통해서도 아이에게 수학적 감각을 길러 줄 수 있다. 예를 들어 아이에게 정기적으로 일정한 액수의 용돈을 주어 자신의 돈을 계획적으로 관리하고, 계산할 수 있도록 하는 것이다. 마트에 가서도 사고 싶은 물건을 아이 스스로 계산할 수 있도록 하자. 이처럼 생활 속에서 수학을 자연스럽게 접할 수 있도록 해 주는 것이 좋다.

무엇보다 책 읽기를 통해 수학을 이야기로 접할 수 있도록 해 주자. 예전에는 '수학'이라고 하면 '숫자'로만 접근했다. 그러나 요즘에는 수학을 '글'로 접한다. 초등학교 수학 시험에서도 서술형 문제가 30퍼센트 내외로 출제되고 있다. 이제 수학을 잘하기 위해서는 알고 있는 것을 말로 풀어 설명할 수 있는 연습이 필요하다. 아이들이 가장 어려워하는 문제 역시 긴 스토리텔링식 문제다. 아이들은 문제가 길면 일단 겁부터 먹는다. 오히려 답은 간단한 경우가 많은데도 문제에서 구하고자 하는 것이 무엇인지 파악하지 못해 풀지 못하는 것이다.

평소 수학과 관련된 책을 많이 읽으면 수학적 개념이 말로 설명되어 있어, 이런 연습을 하는 데 좋다. 어려운 개념도 이야기나 글로 풀어 설명하고 있으므로 이해하기 쉽다. 아직 수학 기호에 익숙하지 않는 아이들은 오히려 글로 풀어 놓은 것이 익숙하다. 아이들은 일상생활 속에 숨은 수학적 원리를 쉽고 재미있게 설명해 주는 책을 읽으며 수학이 현실과 밀접한 관계에 있다는 것을 느끼고, 호기심도 채울 수 있다.

필자의 학생 중 한 명인 소원이도 수학 책을 여러 권 읽은 것이 원리를 이해하는 데 도움이 되었다고 말한다. 《수학 귀신》이라는 책을 읽고, 어려운 수학 개념들이 쉽게 이해되고, 신기한 수학적 지식들도 알았다며 흥미로워했다. 영진이는 《엇! 신데렐라는 시계를 못 본대》에 나온 수학 놀이를 따라 하며 수학에 관심이 커졌다. 이 책은 길이 재기, 시계 보기 등 초등학교 저학년에서 배우는 수학 개념을 아이들에게 익숙한 명작 동화와 접목해 즐겁게 학습할 수 있도록 구성되어 있을 뿐 아니라, 집에서 부모와 함께 간편하게 할 수 있는 여러 가지 수학 놀이도 소개하고 있다.

최근에는 교과 통합이 대세다. 수학도 미술, 과학, 국어 등과 통합되어 현실 속의 문제 해결을 위해 활용된다. 책 읽기는 여러 영역의 이야기를 통해 수학의 기본 개념에 대해 이해할 수 있도록 해 주고, 다양한 예화를 통해 이런 통합적 문제에 익숙해질 수 있도록 도와준다.

집에서 수학을 공부할 때에는 수학 익힘책을 위주로 공부하자. 수학 익힘책은 우리나라에서 수학 분야의 최고 전문가들이 아동 발달 단계에 맞춰 만든 최고의 수학 교재다. 흔히 '수학 익힘책은 학교에서'라는 인식이 강한데, 원래 익힘책은 학교에서 배운 것을 가정에서 복습하는 용도다. 이 익힘책을 충실히 공부한다면 다른 문제도 어렵지 않게 해결할 수 있다.

수학은 매일 꾸준히 하는 것이 중요하다. 아이의 학년에 10을 곱하면 그 또래 아이들이 평균적으로 집중할 수 있는 적정한 시간이 나온다. 즉, 1학년은 10분, 2학년은 20분, 3학년은 30분이 적당하다. 가정에서 이 시간만큼은 학교에서 배운 내용을 복습하는 것이 좋다.

20분 동안 수학을 공부한다면 10분 동안 아이 스스로 문제를 푸는 자기주도학습 시간을 갖도록 하고, 나머지 10분 동안 문제를 어떻게 풀었는지 그 과정을 설명해 보도록 하는 것이 좋다. 문제를 풀 때는 답 그 자체보다, 그런 답을 도출하게 된 과정을 설명할 줄 아는 것이 중요하다. 서술형 평가에서도 답보다는 과정이 중요하다. 과정은 정해진 하나의 답이 없다. 다양한 방법으로 해결하는 것이 아이의 창의성 향상에도 좋다. 똑같은 방식으로 푼 아이보다 자신만의 창의적인 방법으로 푼 아이가 더 좋은 점수를 받을 수 있다.

수학 학습에서 어려운 점은 틀린 문제를 또 틀린다는 것이다. 그래서 반복 학습이 중요하다. 틀린 문제는 반드시 반복해서 두 번, 세 번 푸는 것이 좋다. 답을 보고 바로 풀면 쉽게 풀린다. 그리고 시간이 좀 지나서 주말에 한 번, 시험 기간 전에 다시 한 번 풀어 본다면 틀린 문제는 완전히 자기 것이 된다.

무엇보다 아이들에게 '나'를 위한 공부를 하고 있다는 것을 늘 알려 주는 것이 중요하다. 공부하기 싫은 아이를 억지로 끌어다가 앉히기보다는 공부를 통해 얻게 되는 이점에 대해 설명해 주고, 공부는 나를 위해서 하는 것임을 엄마가 늘 강조하자.

공부는 습관이다. 아직 공부 습관이 들지 않았다면 일단 '책상에 앉아 놀기'부터 하는 것이 좋다. 책상에 앉는 연습이 나중에 공부하는 힘이 된다.

책 읽기와 탐구 활동으로
과학적 사고력을 키우자

> "독서는 다만 지식의 재료를 공급할 뿐이며, 그것을 자기 것이 되게 하는 것
> 은 사색의 힘이다."
> ─존 로크, 영국 철학자

    윤서는《몹시도 수상쩍은 과학 교실》이라는 학습 만화를 읽고, 과
학 동화 읽기에 빠졌다. 원래 과학을 좋아하기도 했지만, 고체, 액체,
기체에 관한 내용, 동물의 한살이 등 지금 학교에서 배우고 있는 내
용이 나와서 더 흥미를 느꼈다. 다양한 실험을 통해 알기 쉽게 설명
해 주는 이 책을 읽고 윤서는 학교 과학 시간에 적극적으로 참여하
며 자신감이 더욱 커졌다.

    승연이는 요즘 아이들에게 인기 있는《빨간 내복의 초능력자》시
리즈로 생활 주변의 과학 원리를 알아 가는 재미에 빠졌다. 이 책의

주인공은 늘 '왜?'라는 질문을 던지는데, 자신도 어느새 일상생활에서 '왜 저렇게 됐을까?'를 고민하게 되었다고 한다. 승연이는 주인공의 태도를 통해 과학자로서의 가장 중요한 소양인 탐구심을 배운 것이다.

초등학교 저학년인 정우의 엄마는 《창의 폭발 엄마표 실험왕 과학 놀이》라는 책을 보면서 아이와 함께 일주일에 한두 번씩 과학 실험을 하고 있다. 책에는 과학 실험의 과정과 원리가 자세히 설명되어 있어, 누구나 쉽게 따라 할 수 있다.

정우는 엄마와 함께 재미있는 실험을 하면서 과학자의 꿈을 꾸게 되었다. 발명왕 에디슨도 어렸을 때 다양한 실험을 했다는 것을 알고 실험에 더욱 열심이다. 실험 후에는 혼자서 반복해 보고, 실험으로 만든 장난감을 가지고 놀며 하루를 보낸다. 집에서 흔히 보는 재료로 직접 만든 장난감 덕분에 엄마는 정우에게 장난감을 따로 사주지 않아도 되었다. 지금은 정우가 먼저 자꾸 실험하자고 엄마를 졸라서 오히려 엄마가 힘들 지경이 되었다.

초등 과학의 목표는 자연현상을 탐구하고, 과학의 기본 개념을 이해하고, 과학적인 탐구 능력을 기르는 것이다. 3학년 교육과정에는 〈자유 탐구〉라는 부분이 나오는데, 이는 일상생활에서 호기심을 갖고, 직접 실험이나 관찰을 통해 자신의 궁금증을 해결하는 것이다.

소연이는 평소 '무지개가 어떻게 생길까?'에 대한 궁금증을 갖고 있었다. 책과 인터넷을 통해 태양을 등지고 분무기를 뿌리면 무지개를 만들 수 있다는 것을 알게 되었다.

소연이는 집에서 직접 태양을 등지고 분무기를 뿌려 봤다. 정말 신기하게도 무지개가 생겼다. 그렇다면 무지개가 생기는 원리가 무엇일까 궁금해진 소연이는 이번에도 책과 인터넷 검색을 통해 빛이 물방울에 반사될 때 반사되는 각도에 따라 여러 가지 색이 보인다는 사실을 알게 되었다. 소연이는 이렇게 실험한 것을 자유 탐구 보고서 형식으로 정리했다.

자유 탐구 보고서 형식

탐구 주제	무지개는 어떻게 생길까?
준비물	물, 분무기
탐구 기간	O월 O일 ~ O월 O일
탐구 동기	비가 온 후에 하늘에 무지개가 떠 있는 것을 보고 무지개가 생기는 이유가 궁금해졌다.
예상(가설)	
탐구 과정	
탐구 결과	
더 알고 싶은 점이나 느낀 점	

초등 교과보다 한발 앞선
사회 배경지식 넓히기

"책으로 한 나라의 상당 부분을 다닐 수 있다." —앤드류 랭, 스코틀랜드 작가

수현이 엄마는 학창 시절 국사나 세계사를 달달 외우며 힘들어했던 기억이 있다. 딸만큼은 중·고등학교에서도 발목을 잡는 국사와 세계사를 미리 대비해 주고 싶었다. 배경지식을 쌓아 역사를 긴 이야기처럼 느낄 수 있게 해 주고 싶었다. 5학년 때부터 역사를 다룬다고 하니 4학년 때쯤부터 배경지식 쌓기를 시작해야겠다고 마음먹었다.

수현이 엄마는 《용선생의 시끌벅적 한국사》란 책을 구입했다. 전집을 모두 사기는 부담이 되므로 일단 그중 한 권을 구입했다. 아이는 등장인물들의 재미난 대화체 스토리에 빠져들었다. 아이는 이 책을 읽고 역사가 지루하지 않고 재미있다고 말했다. 엄마도 학창 시절의 한을 풀기 위해 수연이와 함께 책을 읽었다. 어른이 읽어도 손색이 없을 만큼 내용이 알차고 중간중간에 삽화가 있어 재미있을 뿐만 아니라, 정리 노트, 연표, 퀴즈 등이 있어서 두고두고 볼 수 있겠다는 생각이 들었다. 책을 읽은 후에는 역사 이야기를 나누면서 자연스럽게 부모와 자녀가 함께 역사 공부를 하게 되었다.

수현이 엄마의 말을 듣고 '현명한 엄마는 다르구나'라는 생각이 들었다. 초등학교 고학년이 되면 아이들은 사회를 특히 어려워한다. 배경지식이 부족할수록 더하다. 사회에 나오는 여러 인물, 지명, 역사적 사건들을 수업 시간 내에 소화하려고 하다 보면 머리가 아프다. 시험 때문에 하는 수 없이 무작정 외우다 보면 머릿속에서 엉켜 헷갈리기 시작하고, 시험이 끝나면 다 날아가 버린다. 다음 시험 때 다시 처음부터 보고, 헷갈리고, 잊어버리는 악순환이 반복된다.

이때 수현이 엄마처럼 자녀에게 역사 만화나 책을 미리 읽게 하면, 학교에서 역사를 배울 때 큰 도움이 된다. 집에 와서는 학교에서 들은 내용과 관련된 부분을 다시 한 번 찾아 읽으면 더 오랫동안 기억할 수 있다. 처음에는 엄마와 함께 한 페이지씩 번갈아 읽거나, 엄마가 자녀와 같은 책상에 앉아 책을 읽고 읽은 내용을 화제로 삼아 자녀와 대화하면 더욱 도움이 될 것이다.

영어에 자유로운 아이로 키우는 영어 책 읽기

"닫혀 있기만 한 책은 블록일 뿐이다."

―토마스 풀러, 영국 학자

강남에 있는 초등학교는 방학이 시작되는 달이 되면 진풍경이 펼쳐진다. 반에서 열 자리 정도가 비어 있기 때문이다. 학부모와 학생들이 방학을 이용해 영어 캠프 등 어학연수를 떠나는 것이다. 아이가 잠시라도 영어 환경을 접할 수 있도록 해 주고 싶은 것이 엄마의 마음일 것이다. 그러나 아이에게 이런 기회를 주려면 돈도 많이 들뿐 아니라, 투자한 것에 비해 단기간에 많은 것을 얻을 수 있는 것도 아니다. 실제로 필자의 학생 중에도 어려서 영어권 국가로 유학을 다녀왔지만, 다시 한국에 돌아오자 학습이 뒤처지고, 믿었던 영어 성적마저 신통치 않은 경우를 많이 보았다.

183

교육부가 초·중·고등학생을 대상으로 조사한 2013년 사교육비 실태 결과에 따르면, 1인당 월 평균 사교육비 지출이 가장 많은 과목은 영어이며, 영어 사교육비 연간 총액은 6조 3,317억 원 정도라고 한다. 또한 다른 과목에 비해 영어 사교육은 일찍부터, 그리고 늦게까지 시킨다. 유학이나 해외 연수 비용과 성인들의 영어 사교육비까지 합치면 우리나라 영어 사교육 시장의 규모는 더욱 확대될 것이다. 그러나 아이러니하게도 우리나라 사람들의 영어 회화 수준은 세계 최하위인 100위권 밖이다.

핀란드 사람들은 우리나라처럼 영어가 모국어가 아닌데도 불구하고 영어를 마치 모국어처럼 구사할 수 있다. 하지만 핀란드는 사교육이 거의 없고 모든 교육이 공교육에서 이루어진다. 그 비결은 무엇일까? 그 비밀의 핵심은 바로 '독서'에 있다. 핀란드는 독서를 지나치리만큼 강조한다. 단순한 암기 위주의 교육이 아니라 독서를 통해 창의력, 상상력, 종합적 사고력, 문제 해결력을 골고루 기를 수 있도록 교육하는 것이다.

핀란드는 수준 높은 시민 의식과 세계가 부러워하는 교육 체계, 문화의 힘을 자랑하는데 이것도 책 읽기를 통해 가능한 것이다. 핀란드 부모들은 아이가 어렸을 때부터 베갯머리에서 책을 읽어 주고, 아이는 자연스럽게 독서와 토론 문화 속에서 시민 의식, 협동, 공동체 의식, 책임감 등을 배운다. 핀란드는 국민의 80퍼센트가 정기적으로 도서관을 이용하고, 독서를 하지 않는 것을 일종의 '문제'이자 적극적 '치료 대상'으로 인식한다.

우리나라 같은 영어를 모국어로 하지 않는 비영어권 국가에서 영어에 자유로울 수 있는 방법이 있다. 바로 '자발적 다독'이다. 이화여자대학교 석좌교수이자 존경받는 과학자인 최재천 교수도 어려서 칼 세이건의 《코스모스》를 영어 원서로 열 번 이상 읽으면서 과학자의 꿈을 키우고, 영어 실력도 늘렸다고 한다. 김대중 대통령은 상고를 졸업하고 대학도 다니지 않아 영어를 배울 기회가 없었지만, 마흔이 넘어 감옥에서 그 기회를 얻었다. 그는 영어 책과 문법 책을 몇 권 구해다가 주위 사람들의 눈을 의식하지 않고 크게 소리 내어 반복해 읽었다고 한다. 많은 책을 읽기보다는 몇 권을 닳도록 반복해 읽고 암송한 것이 영어 실력의 비법이었다. 그는 발음이 원어민처럼 좋지는 않지만 제대로 된 문법과 고급 단어를 쓰는 정통 영어 실력을 갖추었다. 그 덕분에 대통령 재임 시절, 통역 없이도 외국 정상들과의 대화에 어려움이 없을 정도가 되었다.

시골 마을에서 태어나 영어 학원에 다녀 본 적도 없고, 외국에 가 본 경험도 전혀 없지만 열정으로 영어를 배워 유엔 사무총장이 된 반기문 총장도 있다. 그는 어린 시절 영어에 관심이 많아서 영어 교과서를 줄줄 외우고 다녔다. 거기에서 그친 것이 아니라, 자신이 알고 있는 영어를 친구와 함께 대화로 주고받는 연습을 했다. 마을의 외국인 노동자들을 일부러 찾아가서 그들이 쉬는 시간에 말을 걸며 영어 대화를 시도했다. 처음에는 귀찮아하던 외국인들도 반기문의 열정에 감동해 그의 대화 상대가 되어 주었다. 그는 외국인들과 만나기 전에 미리 문장을 충분히 익히고 외운 다음 실전에 임한다는 각오로 그들과 대화를 시도했다. 예를 들어 이번 주에 기분을 나타내는 영어 표현들을 공부했다면 그것들을 모조리 외워서 외국인과 기분에 관해 묻고 답해 보는 식이었다.

그가 외교관과 유엔 사무총장이 되기까지 가장 큰 영향을 미친 것은 바로 영어 시사주간지 〈타임〉이었다. 그는 〈타임〉을 읽으면서 세계의 여러 상황에 대해 눈을 뜨기 시작했다. 그 책을 읽고 외교관이 되고 싶다는 꿈을 키웠다. 그러던 중ㆍ고등학생 때 백악관을 방문할 기회가 생겼고, 이후 외교관의 꿈은 더욱 커졌다. 이렇듯 꿈이 생기니 그는 영어로 된 책을 더욱더 열심히 읽으며 영어 실력을 갈고 닦았다. 시사 잡지를 꾸준히 읽은 덕분에 남들보다 시사 정보를 빨리 습득할 수 있었고, 영어 실력 향상에도 큰 도움이 되었다. 그는 이렇듯 스스로 영어를 익히는 '자발적 다독'을 통해 세계인들과 영어로 유창하게 의사소통을 할 수 있는 수준이 되었다. 이와 더불어 시사에 관한 그의 전문적인 식견은 그의 영어를 더욱 빛내 주었다.

전문가들은 이렇듯 자발적 다독이 최고의 영어 습득 방법이라고 입을 모아 말한다. 그들이 자발적 다독을 추천하는 이유는 다음과 같다. 우선 문맥과 스토리가 있는 영어 책을 읽으면 개별적으로 단어나 문장을 외우는 것보다 훨씬 이해하기 쉽고 재미있다. 요즘에는 오디오 북도 많이 나오므로 원어민 발음까지 들을 수 있다.

책은 그 나라의 문화까지 포함하고 있다. 그 나라의 문화를 알면 언어도 더 쉽게 배울 수 있다. 고등학교에 가서 긴 지문을 이해하기 힘든 것은 배경지식이 부족해서이기도 하다. 평소에 원서를 읽으면 그 나라의 문화까지 자연스럽게 접할 수 있다.

수능에서도 외국어 영역은 지문을 다 읽지도 못한 채 시험 시간이 다 되는 경우가 많다. 그래서 평소에 지문을 빨리 읽어 내는 연습을 하는데, 어렸을 때부터 영어 책을 많이 접한 아이들은 이런 걱정이 없다.

우리 아이에게 어떻게 영어 독서를 지도할 수 있을까?

처음부터 욕심을 내어 전집이나 여러 권을 한꺼번에 구매하면 아이도 엄마도 지칠 수 있다. 아이는 흥미가 떨어진 책을 어쩔 수 없이 계속 봐야 하는 일이 생긴다. 엄마도 투자한 돈이 아까워 아이에게 억지로 읽히게 된다. 전집류는 단계마다 한정된 어휘를 사용하기 때문에 아이가 교과서처럼 딱딱하게 여길 수 있다. 기왕이면 아이와 함께 서점에서 두세 권의 책을 골라 보고, 이를 반복해 읽히는 것이 좋다.

책 고르기가 쉽지 않다면 근처 도서관에 가 보자. 요즘에는 도서관에 영어 책을 연령별, 주제별, 수준별로 다양하게 구비해 놓고 있다. 그곳에서 몇 권을 골라 아이와 함께 보면서 아이의 수준을 파악하는 것도 좋다. 책을 고를 때는 줄거리가 단순하되 이야깃거리가 풍부한 책을 고르자. 그래도 고르기가 어렵다면 우수 도서로 선정된 책을 추천한다.

책이 마련되면, 늘 아이 손이 닿는 곳에 놓아두고, 오디오 북도 배경음악처럼 자주 들려주자. 영어 책을 책이 아닌 장난감으로 여기게 하자.

처음에는 아이의 수준보다 한 단계 낮은 책으로 시작하는 것이 좋다. 영어 동화는 공부라는 인상을 주기보다는 아이가 흥미를 느낄 수 있도록 하는 것이 중요하다. 책을 읽으며 스토리와 그림에 재미를 느끼고 다가갈 수 있도록 해 주자.

아이와 함께 앉아 책을 읽어 주자. 자신의 잘못된 발음으로 아이의 발음을 망칠까 봐 걱정하는 부모가 있는데 걱정하지 않아도 된다. 아이는 자연스럽게 더 좋은 원어민 발음을 선택해 흡수하기 때문이다. 엄마가 큰 소리로 또박또박 읽어 주면 아이가 영어 책 읽기에 흥미를 느낄 수 있고, 혼자 읽는 것보다 부담이 적다. 그런 후에 오디오 북이나 동영상을 통해 원어민 발음을 들려주면 아이는 더 쉽게 이해하고 알아들을 수 있다. 단, 읽어 줄 때 우리말로 해석하는 일은 피하는 것이 좋다. 그러면 아이는 영어는 듣지 않고, 나중에 우리말만 나오길 기다릴 것이다. 아이가 무슨 뜻이냐고 물어볼 때만 알려주거나, 함께 사전을 찾는 연습을 해 보자.

엄마가 읽어 주는 단계가 정착되면 아이와 엄마가 서로 번갈아 읽기를 시도해 보자. 그러면서 점차 아이 스스로 읽을 수 있도록 유도하는 것이다.

마지막으로 책에서 읽은 내용을 실생활에 적용해 보자. 책에서 본 장면과 비슷한 상황을 만나면 책에 표현되었던 단어나 문장을 말해 보거나, 책 속에서 등장한 물건들이 있으면 놀이 하듯 영어 단어를 맞추는 식이다.

디지털 시대 전자책은
어떻게 활용할까?

"나는 한 권의 책을 책꽂이에서 뽑아 읽었다. 그리고 그 책을 꽂아 놓았다.
나는 이미 조금 전의 내가 아니다."　　　　　　　—앙드레 지드, 프랑스 소설가

　　지현이는 학교 홈페이지와 연계된 전자도서관에서 영어 책을 매일 한 권씩 읽는다. 오디오 서비스도 지원해 주어서 처음 두세 번은 오디오를 들으며 모르는 단어의 발음과 뜻을 익힌다. 그러고 나서 책을 큰 소리로 두세 번 읽어 본다.

　　이렇게 전자책을 원어민 발음으로 들으며 반복해 읽다 보니, 어느새 영어 문장이 입에 맴돌기 시작했다. 새로운 책을 볼 때도 아는 단어가 많아서 더 쉽게 읽힌다. 학교에서는 친구들과 선생님이 영어를 잘한다고 칭찬해 준다. 지현이가 비싼 학원에 다니는 줄 알았던 다

른 친구 엄마들은 지현이가 집에서 혼자 공부한다는 사실을 알고는 다들 깜짝 놀란다.

필자가 처음 지현이를 봤을 때도 '어려서부터 영어 사교육을 많이 받았구나'라고 생각했다. 그런데 지현이는 영어 학원을 다니거나 과외를 받은 적이 한 번도 없다고 했다.

"예전에는 마트에서 오디오 북을 사서 공부하는 바람에 돈이 많이 들었어요. 근데 요즘에는 학교 전자도서관을 이용하면 되니까 돈이 많이 안 들어서 좋아요"라고 했다. 전자도서관은 스마트폰 앱으로도 이용할 수 있어 꼭 학교가 아니라 집에서도 활용할 수 있다는 점이 좋다고 했다.

필자의 학교에서 운영하는 전자도서관인 '북토비'는 여러 분야의 책을 500권 정도 구비해 놓고 있다. 스마트폰 앱도 있어 언제 어디서든 쉽게 활용할 수 있다. 캠핑이나 여행을 갈 때, 혹은 외출 시 미처 책을 챙겨 나오지 못했을 때 활용하면 좋다. 특히 영어 책은 오디오 서비스를 제공해서 꾸준히 잘 활용하면 지현이처럼 좋은 효과를 거둘 수 있다.

요즘에는 아파트나 도서관, 학교 등도 전자도서관을 운영하는 경우가 많다. 회원 가입만 하면 무료로 이용할 수 있다. 예를 들어 강남구민이라면 '강남구 전자도서관'을 무료로 이용할 수 있다. 동네 도서관에 문의하면 전자도서관을 운영하는지 여부를 확인할 수 있다. 회원 가입을 하고 인증 절차를 거치면 컴퓨터, 스마트폰, 태블릿 PC로 전자책을 마음껏 볼 수 있다. 돈을 주고 구입하기 힘든 최신 도서들도 무료로 이용할 수 있다.

동네의 도서관 홈페이지를 검색하면 대부분 오디오 북 서비스를 제공한다. 예를 들어 '인천광역시 중앙도서관'을 검색해 회원 가입을 하면 '오디오 북 서비스'가 나온다. 자료를 다운받으면 이동하면서도 들을 수 있다. 단, 컴퓨터나 스마트폰은 책보다 가독성이 떨어지고 메모 등이 쉽지 않기 때문에 지나치게 많이 활용하는 것은 추천하지 않는다.

PLUS +

전자책을 활용하면 좋을 때

- 외출 중 잠깐 책을 읽을 때
- 잠자기 전 불을 끄고 책을 읽고 싶을 때
  (아이 혼자 스마트폰을 보면서 잠드는 것은 좋지 않기 때문에, 주로 엄마가 읽어 주는 용도로 추천한다.)
- 영어 오디오 북을 들을 때

전자책을 무료로 활용할 수 있는 사이트 및 앱

1. 전자책 제공 사이트
- 서울시교육청 전자도서관 e-lib.sen.go.kr
- 양천구 전자책도서관 ebook2.yangcheon.go.kr
- 국가전자도서관 www.dlibrary.go.kr
- 송파어린이도서관 www.splib.or.kr/spclib/index.jsp
- 서초구 전자도서관 e-bookcafe.seocho.go.kr
- 송파글마루도서관 www.splib.or.kr/spjlib/index.jsp
*타 지역은 '지역명＋전자도서관'으로 검색(예: '인천전자도서관')

2. 스마트폰 앱

- 서울시교육청 전자도서관
- 대구 전자도서관
- 안양시 전자도서관
- 동작구 전자도서관
- 군포시 전자도서관
- 책 읽는 도시 인천
- 북큐브 내서재
- 스마트 학교 전자도서관
- 북토비 전자도서관

독서 지도에 도움이 되는 사이트 및 앱

- **독서교육종합지원시스템**: 15개 시·도 교육청에서 운영하고 학교에서 인증하는 사이트로, 이곳에서 다양한 독후 활동을 할 수 있다.
- **어린이도서연구회**(www.childbook.org): 해마다 권장 도서를 추천하고, 분야별·연령별 도서 목록을 제공한다.
- **책으로 따뜻한 세상을 만드는 교사들**(www.readread.or.kr): 궁금한 점을 질문하면 교사들이 답해 주고, 추천 도서 목록을 제공한다.
- **열린어린이**(www.openkidzine.co.kr): 매월 어린이 책에 대한 정보를 담은 인터넷 잡지 〈열린 어린이〉를 제공한다.
- **한우리독서문화운동본부**(www.hanuribook.or.kr): 독서에 관한 전반적인 지식을 제공한다.
- **스마트학교도서관 앱**: 독서교육지원시스템과 연계되는 스마트폰 앱. 자녀가 다니는 학교 도서관에 어떤 책이 있는지 검색할 수 있다.
- **행복한독서 앱**: 독서 관련 전문 신문인 유아용 〈책둥이〉, 초등용 〈초등아침독서〉, 중·고등용 〈중고등아침독서〉〈작은 도서관 신문〉을 창간호부터 최신호까지 볼 수 있다.

아이에게 부담을 주지 않는
독후 활동

"책을 읽는 요령은 눈으로 보고, 입으로 소리 내어 읽고, 마음으로 얻는 것이다. 이 중에서 제일 중요한 것은 마음으로 얻는 것이다."

─주희, 중국 송나라 유학자

아이에게 책을 읽을 때마다 기록으로 남기라고 하면 거의 대부분의 아이들이 책 읽기에 부담을 느끼게 된다. 부담을 줄여 주기 위해 책 읽은 날짜와 책 제목 정도만 쓰라고도 해 보지만 그것도 쉽지 않다. 저학년에게는 이렇게 읽은 책을 모두 정리하는 것을 권하고 싶지 않다. 일주일에 한 번 정도만 쓰는 것을 권한다. 요즘에는 일부 학교에서 독서인증제 같은 제도를 두어 책을 읽고 간단한 느낌을 쓰는 과제를 1년 동안 시행한다. 학교에 이런 제도가 있다면 이 제도를 따라가는 것으로 충분하다. 집에서 따로 독후 활동을 시키면서 아이와 엄마가 모두 부담을 느낄 필요는 없다.

중학년 이상이 되면 한 줄 감상평을 써 보는 정도로 충분하다. 길게 쓰면 부담이 되므로 책을 읽고 난 후에 책 제목과 한 줄 느낌, 또는 가장 인상 깊은 구절 한 문장만 쓰면 족하다. 또 모든 책에 대해 하기보다는 아이가 인상 깊게 읽은 책이 있을 때 쓰도록 한다.

부담이 없으면서도 가장 추천할 만한 활동은 책을 읽고 가장 마음에 와 닿는 문장을 베껴 쓰는 것이다. 유명한 작가들도 처음에는 다른 작가들의 작품을 베껴 쓰면서 글쓰기 연습을 한다. 이렇게 한 문장이라도 베껴 쓰면 책을 한 번 더 훑어볼 수 있게 된다. 이와 더불어 맞춤법이나 띄어쓰기, 문장부호도 익힐 수 있다. 베껴 쓴 문장들은 가슴속에 남아 아이에게 지혜를 주고, 힘든 일이 있을 때 용기를 줄 것이다. 나중에 글을 쓸 때 이 문장들은 요긴한 자료로 활용될 수 있다.

이런 습관이 어느 정도 자리 잡았다면 인상 깊은 문장에 한두 줄 정도 아이 자신의 생각을 덧붙여 보게 하자. 그 문장이 왜 인상 깊은지 이유를 써도 좋고, 내 생활과 연관 지어 생각해도 좋다. 막연히 학생들에게 책을 읽고 난 후 느낌을 써 보라고 하면 대개 '재미있었다' '슬펐다' 등과 같이 단편적이고 피상적으로 쓴다. 반면 한두 문장만, 그러나 구체적으로 써 보라고 하면 오히려 자기 생각을 더 자세히 표현한다. 실제로 교실에서 실행해 본 결과, 처음에는 자기 생각을 한 줄도 쓰기 힘들어하던 아이도, 시간이 가면 긴 글로 생각과 느낌을 표현할 수 있게 되었다.

경험을 쌓기 위해서라도 글쓰기 대회에는 자주 참여하라고 권하고 싶다. 글쓰기 대회에서는 평소에는 자주 하지 않는, 형식에 맞는 글쓰기를 해야 한다. 그런 경험이 몇 번 쌓이다 보면 자신감도 생기고 평소에 글을 쓰는 것보다 훨씬 많은 것을 배울 수 있다. 다만 결과에 연연하지 않고, 글쓰기 경험을 해 보는 것 자체가 목적이라는 것을 엄마도 아이도 기억하면 좋겠다. 그렇게 경험이 쌓이다 보면 언젠가 상도 받을 수 있을 것이다.

독후 활동을 할 때 다음과 같은 방법을 시도해 보자. 아이의 창의력을 키워 주면서도 색다른 맛이 있어 흥미 있게 시도할 수 있다.

창의성을 키우는 독후 활동
- 책 속에 나오는 등장인물의 멋진 행동이나 착한 마음 칭찬하기
- 책에 대해 간단한 마인드맵 그려 보기
- 이야기의 흐름에 따라 주인공의 표정이 어떻게 바뀌는지 그려 보고 설명하기, 또는 기억에 남는 장면 그리기
- 책을 소개하는 글, 책을 광고하는 그림이나 포스터 만들기
- 독서 퀴즈 만들기, 미니북 만들기
- 책과 관련된 곳 찾아가기
- 책을 시로 써 보기
- 주인공이나 등장인물에게 편지 쓰기, 저자에게 독자 엽서 쓰기
- 책의 내용과 관련하여 반성의 글 써 보기
- 비슷한 작품을 읽고 비교해 보기, 주인공과 비슷한 경험 써 보기
- 판사가 되어 주인공을 판결하고 이유 들어 보기
- 기자가 되어 책 속의 인물을 하나 골라 인터뷰해 보기

책을 건성으로 읽는 아이,
어떻게 할까요?

"아이가 그림만 훑어보고 넘겨 버리거나 대충대충 읽어요."

이런 현상은 왜 일어나는 것일까?

첫째로 아이가 읽어야 할 책의 양이 너무 많지 않은지 살필 필요가 있다. 엄마가 아이의 능력보다 많은 양을 요구하면 아이는 책에 빠져들지 못하고, 책의 양만 채우려고 노력하게 된다. 이럴 때는 책의 양을 줄이더라도 더 자세히 읽는 것이 중요함을 강조하자.

둘째는 책의 내용을 제대로 이해하지 못하는 경우다. 이럴 경우에는 아이의 수준에 맞는 책부터 시작하자. 흔히 부모의 욕심이나 연령별 추천 도서에 연연해서 아이의 흥미와 수준을 무시하는 경우가 많다. 조금 높은 수준의 책을 읽히고 싶다면 부모가 책을 읽어 주자. 부모가 읽어 주면 어려운 부분은 설명해 줄 수도 있고, 글로 읽는 것보다 말로 듣는 것이 더 이해하기 쉽기 때문이다.

셋째, 줄거리 찾기에 급급한 바람에 책의 다음 내용을 상상하며 궁금증을 해결해 가는 기쁨을 맛보지 못하는 경우다. 책을 지식 습득의 수단으로만 생각해서 무슨 내용인지만 알고 지나치는 것이다. 세부적인 재미를 알지 못하기에 책 읽기를 오래하기 어렵다.

넷째, 책을 읽으면서 주인공과의 동일시를 통해 함께 울고, 함께 역경을 이겨 내고, 함께 즐긴 경험이 부족한 경우다. 이런 동일시나 감정 이입을 통해 우리 아이의 감성이 자라고 다른 사람을 배려하고 이해하는 사회성도 발달한다.

그렇다면 어떻게 해야 할까?

아이에게 책의 양을 너무 강조하지 말자. 많은 책을 읽었을 때보다, 한 권이라도 제대로 집중해서 읽었을 때 칭찬해 주자.

재미있으면서도 생각거리를 많이 던져 주는 책을 권하고 싶다. 예를 들면 탈무드, 이솝우화, 라퐁텐 우화 같은 책은 상상력과 비판적 사고 능력, 공감 능력 등을 키워 주는 데 좋다. 처음에 책만 읽으라고 하면 아이가 여전히 예전의 습관을 유지할 수 있다. 이럴 땐 부모와 함께 생각을 한두 마디 나눠 보는 것도 좋다.

또한 아이가 재미있게 읽을 수 있는 스토리가 뚜렷한 옛이야기 책 등을 권해 주고 싶다. 쉽고 재미있기 때문에, 책을 어려워하거나 책 읽기 습관이 정착되지 않은 아이에게 좋다.

이와 더불어 상상하며 읽기를 추천한다. 책을 많이 읽기보단 천천히 읽더라도 많은 생각을 하는 것이 좋음을 알려 주고 상상을 많이 할 수 있도록 해 주자. 책의 제목이나 표지를 보고 어떤 내용일지 상상해 보거나 주인공의 행동에 대해 비판이나 칭찬을 해 보고 '나라면 어땠을까?' 하고 상상할 수 있도록 유도해 보자.

"주인공이 친구를 도와준 건 참 잘한 행동인 것 같아. 넌 어떻게 생각하니?"

"주인공은 왜 이렇게 행동하는 걸까?"

"내가 주인공이라면 어떻게 할까?"

"다음에는 어떻게 될까?"

이렇게 대화를 주고받으며 읽으면 아이가 생각하면서 읽을 수 있게 된다. 그렇게 엄마와 몇 차례 대화하면 아이가 혼자 읽을 때도 엄마의 질문이나 대화 내용이 떠오르면서 다른 책에도 적용하면서 읽을 수 있다.

단, 이때 단순하게 내용을 확인하는 질문은 피하는 것이 좋다. "이 책의 줄거리는 뭐니?" "이 책의 주인공 이름은 뭐니?" 같은 질문이다. 이런 질문은 검사받는 듯한 기분이 들기 때문에 아이가 거부감을 느끼고 책 읽기에 부담을 느낄 수 있다. 질문하거나 대화를 나눌 때는 아이가 부담을 느끼지 않을 정도로 한 권당 한두 번씩만 하는 것이 좋다. 모든 책에 이런 방법을 적용할 필요는 없다. 엄마와 잠자리에서 읽는 책 한두 권 정도가 적당할 것이다.

"아이가 한 번 읽은 책은 안 보려고 해요."

이런 경우는 그 책이 아이의 흥미와 관심을 충분히 끌지 못했기 때문이다. 흔히 부모들은 아이가 책을 반복해서 보기를 원한다. 비싼 돈을 주고 전집을 들여놓거나 책을 사 줬는데, 한 번 보고 안 본다면 돈이 아깝기도 하다. 그러나 이런 경우 대부분 부모가 책을 고른 경우가 많다. 그래서 책이 아이 수준에 맞지 않거나, 읽어도 재미가 없는 것이다. 이럴 때는 아이가 읽을 때까지 기다려 주자. 책이 눈에 보이는 곳에 꽂혀 있으면 신기하게도 어느 순간 아이들이 스스로 자연스럽게 찾는다.

PART 5

생각하기, 말하기, 쓰기가 저절로 따라오는 책 읽기

똑똑한 아이로 만드는
배경지식 쌓기 독서법

"기회를 기다리는 것은 바보짓이다. 독서의 시간이라는 것은 지금 이 시간이지 결코 이제부터가 아니다. 오늘 읽을 수 있는 책을 내일로 넘기지 말라."

— 홀브룩 잭슨, 영국 비평가

요즘 학계에서 주목받고 있는 인지과학자인 버지니아대학교 교수 대니얼 윌링햄은 "이해력이든 비판적 사고든 배경지식이 있어야 한다. 생각을 잘하려면 우선 사실을 알아야 한다. 논리적 추론이나 문제 해결 같은 최상위 인지 과정도 사실 배경지식에 기반한다"라며 이해력을 키우기 위해서는 배경지식이 중요하다고 이야기한다.

실제로 우리가 어떤 글을 읽을 때 보통 80~90퍼센트의 내용은 알고 나머지를 채워 넣는다. 100퍼센트 다 안다면 읽을 필요가 없다.

그런데 아는 것이 60~70퍼센트밖에 안 되면 혼란에 빠지게 된다. 채워 넣기에 급급하다가 읽기를 중단할 가능성이 크다. 만약 컴퓨터에 대한 지식이 부족한 상태에서 컴퓨터에 관한 잡지를 읽는다면 글을 읽을 수는 있으나 내용을 이해하기는 힘든 것과 같다.

배경지식을 쌓는 가장 좋은 방법은 직접 보거나 경험하는 것이다. 박물관 견학, 농사짓기 체험, 만들기 체험, 각종 실험, 여행 등이다. 그러나 이런 방법은 시간적으로나 금전적으로 제약이 따를 수밖에 없다. 또한 시간과 돈이 아무리 많아도 모든 것을 다 경험할 수는 없다. 이럴 때 간접 경험이 좋은 대안이 된다.

옛날에는 집안에 옛이야기나 경험을 들려줄 할아버지, 할머니, 어른들이 많이 계셨다. 그러나 요즘은 핵가족이 대부분이고, 가족이 모여 앉아 이야기할 시간도 부족하다. TV를 중심으로 거실에 앉아 TV와 스마트폰을 번갈아 보면서 필요한 몇 마디를 주고받을 뿐이다.

누가 뭐라 해도 부모와의 대화는 가장 좋은 간접 경험이다. 부모가 살면서 몸과 머리로 느낀 지혜들을 고스란히 전달할 수 있기 때문이다. 그러나 부모라고 많은 것을 알지는 못한다. 인터넷으로 필요한 정보를 찾을 수 있지만, 검증되지 않거나 전문적이지 않은 자료도 많다. 고급 정보는 유료이거나, 찾기가 어렵다. 인터넷으로 정보를 찾다가 삼천포로 빠지는 경우가 더 많다.

윌링햄의 말처럼 이해력을 키울 수 있는 가장 좋은 방법은 배경지식을 늘리는 것인데, 배경지식을 쌓는 데 독서만 한 것이 없다.

배경지식을 늘리기 위한 독서는 어떻게 해야 할까? 평상시 관심이 있던 주제나 공부할 필요가 있다고 생각한 주제의 책을 적극적으로 찾아 읽는다. 나이와 독서 수준을 고려해 관심 있는 주제에 관해 공부하듯이 독서하는 것이다. 조선의 역사에 관심이 있다면 조선의 역사를 소재로 쓴 소설책이나 조선 시대의 인물에 관한 위인전을 읽는다. 수학에 관심이 있다면 수학자에 관한 위인전, 수학의 역사와 같은 책들을 통해 수학적 배경지식을 탄탄하게 할 수 있다.

또한 모르는 것은 집요하게 찾아 읽는 자세가 필요하다. 책을 읽으면서 알지 못하는 단어를 보면 인터넷이나 백과사전을 통해 뜻을 이해하면서 꼼꼼히 읽어 나간다. 또 만약 조선 시대의 역사에 대해 읽다가 장영실이란 인물에 관심이 생겼다면 그에 관한 또 다른 책을 찾아 읽으며 깊이 있게 파고든다.

고전이나 오랫동안 꾸준히 인기를 얻고 있는 스테디셀러라면 한 권을 읽더라도 제대로 읽는 것을 추천한다. 좋은 책이라면 그 한 권을 통해 얻을 수 있는 배경지식이 상당할 것이다. 예를 들어 단테의 《신곡》과 같은 책을 정독해 읽으려면 많은 시간과 노력이 필요하다. 하지만 힘든 만큼 얻는 것이 많다. 《신곡》을 정독한다면 중세 서양의 문화, 경제, 인물, 종교, 신화를 한 권의 책을 통해 모두 알 수 있는 기회를 갖게 될 것이다.

마지막으로 '메모하며 읽기'를 추천한다. 메모하며 읽기는 기존에 알고 있던 지식과 새로 알게 된 지식, 글을 읽으면서 생기는 질문, 느낌 등을 책 옆에 짧게 메모하는 방법이다. 독일의 심리학자 헤르만 에빙하우스의 망각곡선 가설에 따르면, 새로운 지식을 의식적으로 복습하지 않는 한 학습 후 20분이 경과하면 단기 기억이 급속히 감소된다고 한다. 결국 독서를 하며 알게 된 지식들을 20분 내에 메모하는 것이 배경지식을 쌓는 데 효과적인 방법이다.

만약 우리 아이가 유독 게임을 잘하는 아이라고 치자. 새로운 게임을 접해도 금세 익혀 다른 아이가 노력한 시간에 비해 월등히 빨리 터득한다. 이는 우리 아이가 게임에 대한 이해력이 좋은 것이다. 게임에 대한 이해력은 그와 유사한 게임을 한 경험을 통해 체득된 배경지식에 의한 것이지, 날 때부터 새로운 게임을 잘하도록 태어난 것이 아니다. 마찬가지로 역사 수업 시간에 선생님의 설명을 이해하지 못한다면 역사에 대한 배경지식을 쌓는 것이 필요하다. 게임을 하는 것처럼 많은 독서 경험을 통해 배경지식을 쌓고, 그것이 모이면 이해력과 사고력으로 발전하는 것이다.

공부를 잘하고 싶다면
스토리로 기억하라

"책을 읽을 때는 그 책을 쓴 작가의 마음이 되어 조심스럽고 신중하게 읽어야 한다."

—헨리 소로, 미국 사상가 및 문학가

현대인의 필수품인 휴대전화가 보급되면서 건망증보다 더 무섭다는 '디지털치매증후군'이라는 신조어가 생겼다. 이 용어는 디지털 기기에 지나치게 의존한 나머지 외우고 있는 전화번호가 다섯 손가락에 꼽힐 정도로 기억력이 크게 저하되거나, 간단한 계산조차 암산하지 못하는 현상을 이르는 말이다. 그러나 번호는 외우기 힘들지만 1~2시간짜리 영화의 스토리는 생생하게 기억해 낼 수 있다. 우리 뇌는 시각적인 장면을 오래 기억하고, 한 번 본 영화의 스토리는 억지로 외우려 하지 않아도 쉽게 기억할 수 있다. 즉, 우리 뇌는 그림과 스토리를 좋아한다는 것이다. 이때 그림은 좀 더 구체적인 것이 좋고, 스토리는 배경지식에 기반해야 효과적으로 기억할 수 있다.

스토리의 힘이 얼마나 강력한지를 보여 주는 단적인 연구 결과가 있다. 미국 에모리대학교 신경연구 학습만화센터에서는 다음과 같은 연구 결과를 발표했다. "소설을 읽으면 뇌 기능이 활성화된다. 하루 30쪽을 읽어도 그 효과는 5일간 지속된다." 연구진은 실험 참가자를 대상으로 매일 저녁 소설을 30쪽씩 읽게 하고 다음 날 아침에 기능성 자기공명영상(fMRI)으로 뇌를 촬영했다. 그 결과 언어의 감수성을 맡고 있는 좌측두엽이 활성화되었는데, 특이한 점은 소설을 읽고 있지 않아도 이 부분이 계속 활성화된 상태로 유지된다는 사실이다. 그리고 이 효과는 최소 5일 이상 지속되었다고 하니, 소설책이 가지고 있는 스토리의 힘이 얼마나 강력한지 알 수 있다.

학창 시절, 학습 내용을 쉽게 외우는 방법 하나쯤은 알고 사용해 보았을 것이다. 앞 글자들을 조합하여 외우기, 노래 가사 바꾸기, 스토리를 만들어 외우는 방법 등 사람마다 방법은 다양하지만, 필자의 경험상 스토리를 만드는 방법이 효과적이었다. 스토리를 만들어 외우는 스토리텔링 암기법은 외워야 할 것들을 하나의 이야기처럼 엮어서 외우는 방법이다. 물론 상식적으로 맞는 이야기로 엮으려면 어렵겠지만 말이 되지 않아도 스토리로 엮어서 외우면 일부분의 스토리만 기억해 내도 암기한 것들을 떠올릴 수 있다.

이런 스토리텔링 암기법을 적용한 학습용 만화책들이 학생들에게 인기를 끌고 있다. 학습용 만화책은 학생들이 암기하기 힘든 한자,

역사, 사자성어, 수학 공식, 과학적 원리 등을 재미있는 만화 스토리로 만들어 흥미를 갖고 쉽게 읽을 수 있게 했을 뿐 아니라 학습의 효과까지도 얻을 수 있는 책들이다. 독서를 기피하는 학생들도 학습 만화를 쥐어 주면 숨소리도 내지 않고 집중해서 책 읽는 모습을 보여 준다. 다만 학습 만화의 형식을 띄지만 내용은 학습과는 별개인 책이나, 학습적 요소는 갖추었으나 질이 낮은 책도 있기 때문에 책을 사기 전에 부모가 먼저 꼼꼼히 살펴보는 것이 필요하다.

초등 1~4학년 개정 수학 교과서도 수학 개념과 원리를 이해시키기 위해 스토리텔링 학습 방법을 활용하고 있다. 수학 교과서에 스토리텔링 학습이 적용된 예로 걸리버가 소인국에 가면서 겪게 되는 이야기가 있다. 학생들은 그 이야기 속에서 길이의 단위, 길이 측정, 길이의 합과 차 등을 배우게 된다. 아이들이 스토리텔링 학습에 익숙해지고 문제를 잘 이해하기 위해서는 수학의 측정, 연산 능력 외에도 지문 이해력, 쓰기 능력 등이 필요하다.

여러 번 강조했듯이 읽고 이해하고 쓰는 능력을 키우기 위해선 독서만 한 것이 없다. 예전에는 정확하고 빠른 계산 능력을 중시했다. 그러나 요즘에는 계산보다는 실생활과 관련된 긴 문제를 이해하고, 문제에서 요구하는 것을 자신이 배운 것을 바탕으로 원리나 공식을 적용해 최대한 자세히 설명하는 능력이 필요하다. 따라서 학습지를 통해 연산 연습만 반복하거나, 학원에서 강사의 문제 풀이를 보며 구경만 하는 학습을 시키는 것보다, 스스로 교과서와 수학 익힘책, 기본 문제집을 반복해 익히는 것이 중요하다.

뇌 운동이 활발해지는
상상력 키우는 독서법

"독서는 하나의 창조 과정이다."　　　　　　　　　—예렌부르크, 우크라이나 작가

　하루에 생산되는 정보의 수는 수십억 건에 달한다. 어제의 새로운 지식이 더 이상 새롭지 않고, 매일매일 새로운 아이템과 지식과 새로운 아이디어들로 가득하다. 이렇게 다변화하는 세상을 살아가기 위해서는 똑같은 지식과 경험 속에서 다른 사람과는 다르게 사물을 보는 독창적인 생각, 창조적인 생각, 창의적인 생각을 하는 사람이 필요하다. 이런 창의성이 풍부한 사람으로 키우기 위해서는 상상력이 무엇보다 중요하다.

　역사 속의 훌륭한 위인들은 자신의 상상력의 원동력이 독서임을 밝히고 있다. 의자에 앉아서 우주를 상상한 스티븐 호킹 박사는 루게릭병에 걸려서 컴퓨터를 통해서만 몸을 움직이고 연구할 수 있다. 그런 그가 아무도 밝혀내지 못한 우주에 관한 새로운 이론을 발표해서 사람들을 놀라게 했다. 그는 자신의 우주에 대한 상상력은 책 읽기에서 비롯되었다고 말한다.

그는 어린 시절 내성적이고 워낙 마른 데다 혀가 짧아 발음도 좋지 못했다. 그래서 늘 친구들의 놀림감이 되곤 했다. 그 시절 호킹은 남들이 보지 않는 어려운 책을 보는 지적 즐거움을 위안으로 삼으며 어려움을 이겨 나갔다. 그런 습관은 호킹을 지적으로 남들보다 앞설 수 있게 해 주었다. 그러던 그는 올더스 헉슬리의 《멋진 신세계》를 보면서 사람들이 행복해질 수 있도록 도와주는 과학자가 되고 싶다는 꿈을 갖게 되었고 이를 위해 열심히 노력했다.

어느 날 그는 루게릭병으로 1년 밖에 살 수 없다는 판정을 받게 되었다. 처음에는 절망에 빠졌지만, 얼마 남지 않은 시간을 더욱 과학에 매진해야겠다고 결심했고, 우주 물리학에 무섭게 몰입하면서 결국 우주를 다르게 보는 눈을 갖기 시작했다. 호킹 박사야말로 독서를 통해 자신의 한계를 뛰어넘은 모범 사례다. 독서를 통한 상상력이 그에게 새로운 우주를 보여 주었던 것이다.

독서를 하면 왜 상상력이 자랄까? 영화나 TV는 그런 역할을 할 수 없는 것일까? 과학자들은 아이들이 책을 읽을 때와 영상을 볼 때 각각 뇌가 어떻게 활동하는지 비교해 보았다. 책을 읽는 아이들의 두뇌가 영상을 보는 아이들의 두뇌보다 더 활발히 움직였다. 영상을 볼 때는 시각적 자극이 주어지기 때문에 상상할 필요가 없다. 그러나 책을 읽을 때는 머릿속에 그림을 그리면서 읽기 때문에 상상해야만 했고, 그 덕분에 뇌는 부지런히 일했던 것이다.

저학년 아이들에게는 동화책을 읽도록 해 주자. '동화'는 아이들을 위해 쓴 책이다. 동화는 전래 동화와 창작 동화로 나뉘는데, 전래 동화는 예부터 전해 내려오는 이야기로 〈금도끼 은도끼〉 등 친숙한 동화다. 창작 동화는 작가가 어린이들을 위해 어린이의 눈높이에서 지어낸 이야기로, 권정생 작가의 《강아지 똥》과 같은 책을 말한다.

동화책은 풍부한 상상력을 키우는 데 좋다. 예를 들어 〈선녀와 나무꾼〉을 읽고 '선녀는 아이가 둘이나 되는데도 왜 나무꾼을 버려두고 하늘나라로 갔을까?' '하늘에서 내려오는 두레박은 어떤 모양일까?'를 상상하게 되는 것이다. 이런 상상은 '왜 사과는 위나 옆이 아니라 밑으로 떨어질까?' 같은 뉴턴의 질문처럼 위대한 발견으로 이어질 수 있다. 초등 저학년은 상상력을 키우는 절호의 시기다. 전문가들은 이 시기가 상상력이 극대화되는 시기라고 말한다.

고학년이라면 판타지 소설을 읽는 것도 좋은 방법이다. J. R. R. 톨킨의 3부작 판타지 소설 《반지의 제왕》은 인간과 호빗, 요정, 난쟁이, 오크 등과 같은 인물 간의 이야기를 다루고 있다. 주인공 프로도가 암흑 군주 사우론이 만든 절대 반지를 제거하기 위해 전쟁과 암흑 반지의 유혹을 스스로 이겨 나가는 과정을 그리고 있는 이 소설은 세계 3대 판타지 소설로 꼽히기도 한다. 《반지의 제왕》과 같은 판타지 소설을 읽을 때는 다른 종족의 모습을 상상해 가며 읽게 된다. 생김새부터 시작해 특성, 언어 등 읽는 내내 머릿속에서는 그들의 모습을 상상해 보려 애쓰게 된다. 현실과 동떨어진 신비로운 세계를 그려 보면서 상상력이 자라는 것이다.

상상력을 키우는 독서 방식에는 무엇이 있을까?

첫째, 책을 읽는 도중 머릿속에 그림을 그려 보거나 이어질 내용을 상상하는 것이 도움이 된다. 독서를 하며 상상하는 활동은 아이의 뇌 안에서 자유롭게 이뤄지는 과정이다. 다만 부모가 주의할 점은 이 과정에서 아이를 재촉하거나, 많은 분량을 주어 내용을 이해하는 데 쫓겨 상상할 기회를 빼앗지 않아야 한다는 것이다.

두 번째, 적절한 난이도의 책을 주어야 아이가 자유롭게 상상할 수 있다. 너무 어려운 책, 너무 쉬운 책은 아이를 충분히 자극하지 못한다. 자기 수준보다 약간 높은 책이 적당할 것이다.

세 번째, 부모가 책을 읽어 주는 것이다. 글자를 깨치기 시작하는 초등 저학년 학생들은 책을 읽지 않고 글자에 집중해 읽는다. 그렇다 보니 책을 읽었어도 자유롭게 상상하지 못할 수 있다. 부모가 책을 읽어 줌으로써 아이는 글자를 읽는 활동에서 해방되어 자유롭게 상상할 수 있는 시간을 갖게 된다.

네 번째, 독서를 한 후 자녀에게 열린 질문을 하는 것이다. 열린 질문은 단답형이나 단편적인 지식을 묻는 질문이 아니라 다양한 답이 나올 수 있는 질문 방법으로, 아이가 다양한 생각을 할 수 있게 해 준다.

한 권의 책에서
열 가지 지혜를 얻는 독서법

"과학에 관해서는 최신간을 읽으라. 그러나 문학이라면 고전을 읽으라. 고전은 항상 현대적이기 때문이다."
　　　　　　　　　　　　　　　　　　　　—리턴, 영국 정치가 및 소설가

옛사람들은 독서의 의미를 독서 자체에 두었다. 옛사람들이 독서 자체에 의미를 두고 읽었던 이유는 책의 종류가 한정되고 독서의 목적이 자기 수양에 치중되어 방법론적으로 접근할 필요성을 느끼지 못했기 때문이다. 그러나 현대사회는 정보의 종류와 양이 상상할 수 없을 정도로 다양하고 많기 때문에 책의 종류, 책을 읽는 목적에 부합되도록 효과적인 독서 방법을 찾아 읽을 필요가 있다.

책의 종류에 따라 주의하면서 읽어야 하는 것들이 있다. 동화나 이야기책, 문학 책을 읽을 때는 감동을 느낄 수 있어야 한다. 주인공이나 인물에 자연스럽게 동화되면서 책이 주는 감동, 주제를 통한 깨달음, 저자가 독자에게 하고 싶은 말을 자연스럽게 느끼는 것이 중요하다. 이와 더불어 책의 내용 중 가장 재미있는 부분, 인상 깊은 부분을 가슴속에 담고 주인공의 감정선을 쫓아 울고 웃으며 읽는다. 책을 읽고 무엇을 느꼈는지, 이 책을 통해 얻은 교훈은 무엇인지 다시 되새겨 보는 것도 중요하다. 또한 대강의 줄거리도 파악하면서 읽어야 한다.

시를 읽을 때는 각 연의 중심 내용이 무엇인지 파악하며 읽어야 한다. 재미있는 표현, 되풀이되는 말, 비유를 생각하며 읽고, 시를 읽으면서 시의 장면을 머릿속에 그려 보는 것이 좋다. 가장 중요한 것은 시의 중심 생각을 알고 느끼는 것이다.

과학 책과 같은 전문 서적을 읽을 때는 새롭게 안 사실이 무엇인지에 대해 초점을 두고 읽어야 한다. 읽는 도중 더 알고 싶은 점, 궁금한 내용을 메모하거나 찾아보며 읽는 것도 좋다. 마지막으로 생활에 적용하거나 실제로 해 보고 싶은 실험이 있는지 생각하면서 읽는 것이 좋다.

역사책을 읽을 때는 가능하다면 관심 있는 사건이나 시대에 관해 두 권 이상의 책을 읽고 비교, 조합해 보는 것이 좋다. 머릿속에서 자연스럽게 역사적 사건에 대한 생각의 그물이 짜이고, 비판적 읽기도 가능하다. 아이는 역사책을 읽으면서 과거에 어떤 일이 일어났는지를 배울 수 있을 뿐 아니라, 현재 인간이 어떻게 행동하고 나아가야 하는지도 생각해 볼 수 있다.

위인전을 읽을 때는 인물이 위기를 맞았을 때 어떻게 이겨 냈는지에 중점을 둔다. 주인공이 어떻게 자랐는지, 주인공이 활동한 시대는 어떠했는지도 생각한다. 또한 주인공에게서 본받을 점이 무엇인지 생각해 본다.

고전이나 철학 책을 읽을 때는 저자의 생각을 따라가며 그들의 논리적 전개, 사고방식을 배우는 것이 중요하다. 읽다 보면 유명한 인물이나 존경받는 이들 사이에 의견이 다르다는 것을 깨닫게 된다. 처음에는 당황스럽겠지만, 결국 하나의 정답은 없다는 것을 배울 수 있는 기회가 된다. 책을 읽는 사람은 스스로 어떤 것이 옳은지 비교해서 판단하는 일, 또는 더 알고 깨달을 때까지 유보하거나, 늘 질문을 갖고 고민해 볼 수 있다.

사회과학 책은 용어를 정확히 익히면서 읽는 것이 중요하다. 처음에는 낯선 용어도, 한 번 알게 되면 여러 곳에서 쓰이고 있다는 것을 알게 될 것이다. 이런 어려운 용어들을 많이 알수록 세상에 대한 이해의 폭이 넓어지고, 시야가 넓어진다.

위에서 알아본 바와 같이 헤아릴 수 없는 정보의 바다 속에서 책의 종류와 책을 읽는 목적에 따라 책 읽는 방법을 달리한다면 한 권의 책을 읽더라도 그 속에서 열 가지의 지혜를 얻을 수 있을 것이다.

남과 다르게 생각하는
창의적인 아이로 키우려면

"책을 읽고 그 안에서 당신이 그리고자 하는 것을 연구하십시오. 그것이 바로 생각하고 공부하는 방법입니다."
　　　　　　　　　　　　　　　　　　　　　—링컨, 미국 대통령

우리나라도 창의성 교육에 대한 관심이 높아졌다. 창의성 교육의 일환으로 창의적인 과학기술 인재를 육성하고자 추진되는 융합교육(STEAM)도 학생들이 과학기술 소양을 인문학이나 예술 등 타 분야와 연계시켜 공부하고 이를 실생활에서 직접 활용할 수 있도록 하는, 살아 있는 교육 방법이다. 이를 통해 학생들은 스스로 학습에 흥미를 갖고 즐겁게 공부하며 융합 정신을 갖춘 창의 인재로 성장하게 된다.

한 가지 분야와 다른 분야를 접목시키는 융합교육이 대세를 이루고 있듯이 독서도 마찬가지다. 독서를 할 때 한 가지 분야의 독서보다는 다른 분야와 융합시키는 독서를 해야 남들과 다른 생각을 하는 창의적인 아이로 키울 수 있다.

청년들의 멘토로 유명한 '시골 의사' 박경철은 의사임에도 불구하고 경제 분야에 관한 뛰어난 통찰력으로 사람들의 부러움과 놀라움을 샀다. 안계환의 《성공하는 사람들의 독서 습관》에 따르면 박경철은 니체의 "익숙하지 않은 것에 대한 호의"라는 말을 신조로 삼고 있다고 한다. 그가 분야를 넘나들며 남과 다른 생각을 하고, 수준 높은 통찰력을 갖춘 것도 바로 독서를 통해 많은 것을 배우고자 하는 의지 덕분이었다. 그는 새로운 것을 배우는 데서 기쁨을 느낀다.

책에는 새로운 세계, 내가 알지 못하는 세계, 겪어 보지 못한 세계가 담겨 있다. 물리적, 경제적, 공간적 제약을 뛰어넘는 가장 좋은 수단이 바로 책인 것이다. 경험으로만 배우거나 학교에서 배운 지식으로만 살아가면 남들과 비슷한 수준의 생각과 사고밖에 할 수 없을 것이다. 그러나 책을 통해 여러 가지 한계를 뛰어 넘어서 다양한 세계를 접하고, 그중에서 자신이 깊이 있게 경험하고 싶은 분야를 골라 탐구해 보는 것, 이것이 바로 남과 다르게 생각하는 아이로 만드는 책 읽기다.

책 읽기를 통해 여러 분야를 넘나들 수 있다. 대학에서 여러 전공을 하거나, 실제로 다양한 경험을 해 보기란 쉽지 않다. 그러나 책 읽기는 목적의식이 분명하다면 다양한 세계를 넘나들며 안목을 키울 수 있게 해 준다.

박경철은《내 인생을 바꾼 한 권의 책 2》에서 다음과 같이 말한다.

"내 인생은 책과 함께했다고 해도 과언이 아니다. 만일 누군가 내게 '당신이 있기까지 무엇으로부터 가장 많은 것을 배웠습니까?'라고 묻는다면 나는 주저하지 않고 말할 것이다. '학교도 아니고 사람도 아니고, 저는 책으로부터 세상을 배웠습니다'."

세계적인 동물학자인 최재천 교수는 열대우림을 누비며 동물행동학을 공부했고, 민벌레 등 곤충 연구에서 세계적 권위를 갖고 있으며 미국곤충학회의 젊은 과학자상 등을 받기도 했다. 특이하게도 그의 서재에는 과학자라고는 믿기지 않을 만큼 다양한 분야의 책이 꽂혀 있다. 분야를 뛰어 넘는 독서력 덕분에 그는 자연과학과 인문학을 통합하여 창의적인 사고를 할 수 있게 되었다.

그의 저서《개미 제국의 발견》은 일반 동물학 책이 아니다. 고도의 분업에서 치열한 권력투쟁에 이르기까지, 그가 펼쳐 보인 개미의 세계는 한 권의 역사책이며 한 권의 인문사회학 책으로 경이로움 그 자체다.《최재천의 인간과 동물》은 재미와 성찰을 동시에 안겨 주는 책으로, 그동안 생태학을 자연과학적 틀 안에서 생각해 왔던 것을 넘어서 인문사회적으로 확장시킨 책으로 평가받는다.

창의성은 남들과 다르게 생각하는 것이다. 남들과 다른 발상을 하기 위해서는 그렇게 할 수 있는 환경이 만들어져야 한다. 하지만 학교나 가정에서는 획일적인 교육만 시키고 있다. 가정에서는 다름을 인정하지 않고 내 아이를 다른 아이와 비교한다. 내 아이가 걸음마가 늦거나 한글을 읽고 쓰는 데 조금만 느리면 걱정부터 앞선다. 다른 아이들과 비교해 보고 적어도 남들과 똑같은 수준의 아이로 만들고 싶어 한다. 학교에서 선생님들은 남들과 다른 생각, 다른 행동을 하는 학생들을 싫어한다. 남들과 다른 아이들은 튄다는 이유로 소위 왕따를 당하기도 한다. 또한 학교와 가정에서는 아이들에게 다른 아이와의 경쟁에서 이기라고만 가르친다.

아이들은 저마다 다른 개성과 취향을 갖고 있다. 한 배에서 태어난 형제자매도 각자의 성격, 성향, 취향이 다 다르다. 그렇기 때문에 자녀를 양육함에 있어 자녀가 무엇을 잘하는지 무엇에 관심 있어 하는지를 파악해야 올바르게 성장시킬 수 있다. 유대인 가정에서는 아이들의 개성을 존중해 주고 개발시켜 주려 노력한다. 다른 아이와의 경쟁에서 이기라고 가르치지 않고 남과 다르게 생각하라고 가르친다. 남과 다르게 생각하는 것, 즉 창의성을 키울 수 있는 교육을 한다. 우리도 이제부터라도 남과 다름을 인정하고 창의적인 아이들로 키우도록 노력해야 할 것이다.

한 차원 높은 데로 도약하는
고전 읽기

"가장 좋은 책은 영구불멸하다."

—밀턴, 영국 시인

　사회를 비판하는 풍자 코미디를 선보이며 지금도 많은 사람들의 존경을 받고 있는 희극 배우이자 감독인 찰리 채플린. 그는 불우한 환경에서 태어나 어린 시절부터 극단에서 일해야 했다. 그가 극단에서 일할 때 다른 사람들은 힘든 일을 마치면 놀고먹고 즐기는 데 시간을 썼지만, 채플린은 달랐다. 내성적인 성격 탓도 있었지만, 그는 주로 혼자 책을 읽으며 시간을 보냈다. 특히 쇼펜하우어의《의지와 표상으로서의 세계》같은 어려운 고전들을 읽었다. 그가 영화〈모던 타임즈〉를 통해 물질 만능주의 세상에서 인간이 하나의 부품으로 전락한 장면을 풍자적으로 보여 주었듯이, 웃음 속에도 철학이 담긴 사회 비판 영화를 만들 수 있었던 것도 이런 고전의 힘 덕분이었다. 그는 셰익스피어, 찰스 디킨스, 마크 트웨인, 쇼펜하우어, 플라톤, 칸트, 니체 등의 고전을 많이 읽었다.

고전은 오랜 세월이 지나도 여전히 읽을 만한 가치가 있는 책이다. 독보적인 생각과 사상이 담겨 있는 고전 속 지식과 사상들을 후대의 학자들이 더욱 발전시켜 온 것이다. 그러므로 고전 사상은 가장 기본이 되는 뼈대라고도 볼 수 있다. 그 뼈대에 살을 붙여 지금의 지식과 문화가 만들어져 온 것이다.

미국의 시카고대학교는 지난 100년 동안 무려 85명의 노벨상 수상자를 배출했다. 아직 노벨상 수상자가 한 명밖에 없는 우리나라로서는 한 대학에서 이런 성과를 냈다는 것이 놀랍기만 하다. 그러나 이 대학이 처음부터 명문대였던 것은 아니다. 처음에는 삼류 대학이라 불릴 정도였다. 그런데 1929년 이 대학에 로버트 허친스 총장이 취임하면서 달라지기 시작했다.

허친스가 추진한 프로그램은 '고전 100권 읽기 운동'이었다. 다른 제도는 여느 대학과 다를 바가 없었지만, 고전 100권을 읽지 않으면 졸업할 수 없다는 특별한 규정을 만든 것이다. 이 대학의 학생들은 고전을 읽으며 변화하기 시작했다. 공부에 관심이 없던 학생들이 밤을 새우며 공부하는가 하면 아무런 비전이 없던 학생들에게 꿈이 생기기 시작했다. 고전을 읽으면서 자신의 롤 모델을 발견하고, 인생에서 중요한 가치를 배웠다. 자신이 세운 가치에 대해 꿈과 비전을 갖고 추구하는 사람이 되었다. 이런 변화가 세계 최고의 노벨상 수상자를 배출한 명문 대학이 되게 한 것이다.

고전을 읽으면 이렇게 위인들의 꿈과 그들이 추구했던 가치를 배울 수 있다. 이것은 실제로 생각을 바꾸고 행동을 변화시킨다. 나보다 우리, 공동체를 생각하는 큰 인물로 키워 준다.

고전은 치밀한 사고를 해야 읽을 수 있는 책이다. 편하게 읽다가는 한 문장도 이해하기 힘들다. 그런 책을 읽다 보면 두뇌 활동이 활발해지고, 논리력이 발달한다. 고전에는 현인들의 생각이 고스란히 담겨 있다. 그들의 말을 옆에서 생생하게 듣고 있는 것과 같다. 그런 고전을 꼼꼼히 읽으면 그들의 사유 방식을 배울 수 있다. 고전이 좋은 이유는 그 내용의 중요성 때문이기도 하지만 이런 사유 방식을 배울 수 있다는 점도 있다. 또한 고전을 이해하면 다른 책도 쉽게 읽을 수 있다. 고전이 인용되어 있거나 비슷한 생각이 담긴 책이 많을 뿐 아니라, 고전보다 사유의 치밀함이 덜하기 때문이다.

우리 아이에게 관심 분야의 고전을 우선 추천해 주자. 고전 읽기는 높은 산을 오르는 것만큼 어렵지만 성취감이 큰 활동이다. 이를 위해선 많은 격려와 칭찬이 필요할 것이다. 처음에는 이론서보다 철학 소설부터 접근하는 것도 좋은 방법이다. 톨스토이의 《인간은 무엇으로 사는가?》는 흥미로운 이야기책이면서도 삶에 대한 많은 질문을 던져 준다. 소설에서 시작해 역사, 심리학, 사회과학과 철학으로 단계를 거치며 읽는 것도 좋은 방법이다.

고전이나 어려운 책은 읽기 쉽지 않지만, 어렵게 읽고 소화한 만큼 독서 실력이 향상된다. 처음에는 10쪽을 읽기도 벅차지만, 점차 익숙해지고, 점차 더 많은 양을 소화할 수 있게 된다. 이것은 일종의 훈련과도 비슷하다. 힘들지만 날마다 조금씩 자신의 한계를 늘려 가며 훈련해야 기능이 향상된다. 매일 똑같은 정도의 훈련만 하면 발전이 이루어지지 않는다. 스스로의 한계를 매일 조금씩 뛰어넘는 것이다.

그러나 사실 고전 읽기는 성인도 소화하기 힘든 일이다. 이럴 때는 '낭독'의 방식을 추천한다. 머릿속으로 사유의 흐름을 쫓아가기가 쉽지 않기 때문에 음성의 힘을 빌리는 것이다. 예전 선조들이 한자로 된 원전을 큰 소리로 낭독하면서 공부했듯이, 우리 아이들에게도 그 뜻을 이해하는 것을 떠나 하루 몇 장이라도 고전 낭독에 도전하도록 부추겨 보자.

그렇게 책 한 권을 소화하면 스스로 뭔가 발전된 것을 느낄 수 있을 것이다. 대학이나 대학원에서도 한 학기 내내 고전 한 권으로 토론하면서 수업을 이끌어 가는 경우가 많다. 그만큼 고전은 소화하기 만만한 책도 아니고, 쉽게 읽어 버릴 수 있는 책도 아니다. 그러므로 고전은 긴 시간을 두고 조금씩 읽는다는 생각으로 접근하면 좋다. 고학년이나 중학생이 되었다면 분야별로 대표적인 고전 한두 권을 정해 두고 시간을 들여 하루에 조금씩이라도 낭독하며 읽어 보자.

고전은 부모에게도 일독을 권하고 싶다. 마음을 편안하게 해 주는 수필이나, 직업과 관련된 업무 능력을 높여 주는 실용서도 좋지만, 진정한 사유 능력의 향상을 위해서 고전을 추천한다.

그리고 인상 깊은 구절은 밑줄을 긋고, 공책에 베껴 쓰기도 해 보자.

고전 추천 도서 목록
(참고: 서울대, 연세대, 고려대에서 중복으로 추천한 고전들)

《1984》조지 오웰,《걸리버 여행기》조너선 스위프트,《구운몽》김만중,《구토》장 폴 사르트르,《군주론》니콜로 마키아벨리,《기탄잘리》라빈드라나드 타고르,《꿈의 해석》지그문트 프로이트,《누구를 위하여 종은 울리나》어니스트 헤밍웨이,《닥터 지바고》보리스 파스테르나크,《데카메론》조반니 보카치오,《돈키호테》미겔 데 세르반테스,《동물농장》조지 오웰,《로빈슨 크루소》대니얼 디포,《레 미제라블》빅토르 위고,《리어왕》윌리엄 셰익스피어,《맥베스》윌리엄 셰익스피어,《멋진 신세계》올더스 헉슬리,《모비 딕》허먼 멜빌,《무기여 잘 있거라》어니스트 헤밍웨이,《무정》이광수,《변신》프란츠 카프카,《삼국유사》일연,《삼대》염상섭,《서양미술사》언스트 핸스 곰브리치,《성경》모세 외,《수호지》시내암,《신곡》단테 알리기에리,《아큐정전》루쉰,《악의 꽃》샤를 피에르,《안나 카레니나》톨스토이,《앵무새 죽이기》하퍼 리,《양철북》권터 그라스,《열하일기》박지원,《오디세이》호메로스,《오만과 편견》제인 오스틴,《위대한 개츠비》프랜시스 스콧 피츠제럴드,《위대한 유산》찰스 디킨스,《율리시스》제임스 조이스,《이방인》알베르 카뮈,《인간 조건》앙드레 말로,《인형의 집》헨리크 입센,《일리아드》호메로스,《자서전》마하트마 간디,《전쟁과 평화》톨스토이,《종의 기원》찰스 다윈,《죄와 벌》도스토옙스키,《참을 수 없는 존재의 가벼움》밀란 쿤데라,《카리마조프가의 형제들》도스토옙스키,《토지》박경리,《호밀밭의 파수꾼》제롬 데이비드 샐린저

잘 들어 주는 엄마가
표현 잘하는 아이를 만든다

"책은 꿈꾸는 것을 가르쳐 주는 진짜 선생이다."

—가스통 바슐라르, 프랑스 과학 철학자

오늘도 엄마는 학교에서 돌아온 아이를 붙잡고 이것저것 물어봅니다.

"오늘 학교에서 재미있었어?"

오늘도 아이는 귀찮은 듯 이야기합니다.

"별로, 그냥 그랬어."

엄마는 아이와 대화하고 싶어 다른 주제로 전환합니다.

"오늘은 ○○와 친하게 지냈어? 선생님께 뭐 배웠어?"

하지만 아이는 여전히 귀찮은 듯 이야기합니다.

"생각나는 것 없는데?"

위 사례에 나오는 것처럼 표현을 잘하지 않는 자녀를 둔 부모님들은 걱정이 많다.

'우리 아이가 표현력이 부족한 것은 아닌가?' '우리 아이만 이렇게 표현을 잘 못하는 걸까?'

아이들의 연령별로 차이는 있겠지만 한 학급에 있는 평균 30명의 학생들 중에 집에 돌아가 학교에서 있었던 일을 부모에게 재잘재잘 말해 주는 아이들은 20~30퍼센트 정도다. 그중에서 묻지도 않았는데 귀가 따갑고 귀찮을 정도로 이야기하는 아이들은 10퍼센트도 되지 않는다. 이야기하기는 하지만 제대로 설명하거나 자세히 기억해서 이야기하는 아이는 더더욱 보기 힘들다. 특히나 여자아이에 비해 남자아이들은 더욱더 표현을 잘하지 못한다. 70퍼센트나 되는 아이들이 집에서 이야기를 별로 하지 않는다. 그 이유는 무엇일까? 자녀가 표현력이 없어서일까? 학년이 올라갈수록 아이들의 표현력은 신장된다. 하지만 늘어난 표현력만큼 집에서는 잘 표현하지 않는다. 왜 그럴까?

그 이유는 부모의 잘못된 대화 습관과 부족한 대화 기술 때문일 가능성이 가장 크다. 다음의 대화를 통해 살펴보자.

자녀의 시큰둥한 반응에 엄마는 더 이상 대화를 이어 나가지 못하거나, 꼬치꼬치 캐묻기 시작합니다. 엄마의 집요한 반응에 마지못해 학교에서 있었던 에피소드(별로 대단하지 않은)를 이제 생각났다는 듯이 선심 쓰며 이야기해 줍니다.

"오늘 점심시간에 피구할 때 ○○이하고 같은 편을 했는데 △△이가 너무 잘 피해서 우리 편이 이기려고 했는데 □□가 마지막에 미끄러져 아깝게 우리 편이 졌어."

아이의 말이 끝나기가 무섭게 엄마는 다른 질문을 합니다.

"또 다른 재미있는 일은 없었어?"

아이는 또 귀찮은 듯 대답합니다.

"음, 이젠 없는데."

더 이상 대화가 지속되지 않자 엄마는 중요한 이야기를 합니다.

"이제 손 씻고 와. 간식 먹고 학원 가야지."

위 사례에서 보이는 부모님은 아이의 이야기에 관심이 많아 보이지 않는다. 자녀와의 대화에서 가장 중요한 점은 자녀의 이야기를 진심으로 관심 있게 들어 주는 것과, 자녀의 이야기를 믿어 주는 신뢰다.

만약 자녀가 집에 돌아와 학교에서 친구와 다투었던 이야기를 한다고 가정해 보자. 아래의 대화에서처럼 부모가 자녀의 편에서 생각하지 않는다면 자녀는 다음번에 이와 비슷한 일이 발생했을 경우 부모에게 이야기하지 않아 더 큰 문제를 발생시킬 수 있다.

"엄마, 학교에서 ○○가 괴롭혀서 싸웠는데 선생님께 나만 혼났어."

"왜, 무슨 일로?"

"○○가 가만히 있는데 날 밀치고 가는 바람에 화가 나서 때렸는데 선생님이 나만 혼냈어."

"설마, ○○가 일부러 널 밀치지는 않았을 텐데, 조금 밀쳤다고 친구를 때리면 어떻게 하니?"

자녀가 명백히 잘못을 저질렀을지라도 일단은 자녀의 이야기를 잘 들어 주고 달래 주는 것이 중요하다.

"그래, 얼마나 억울했니? 많이 속상했겠구나!"

아이들은 자신의 마음을 알아준다고 생각하여 억울하고 화났던 일을 잊을 수 있다. 아이의 분이 누그러든 다음에야 그때 어떻게 행동했어야 하는지 조언해 주는 것이 좋다. 그러나 조언 이상으로 부모가 아이의 억울한 부분을 직접 나서서 해결할 필요는 없다. 부모가 자꾸 나서서 해결하게 되면 아이 스스로 문제를 해결하는 능력이 자랄 수 없기 때문이다.

아이들은 기억력이 좋다. 어른들은 신경도 쓰지 않는 일까지 아이들은 세세하게 기억하고 있어 가끔씩 부모들을 깜짝 놀라게 하기도 한다. 하지만 아이들이 기억하는 사건은 매우 단편적이다. 앞뒤 사건의 연결이 자연스럽지 않을 뿐만 아니라 어휘 수준도 한계가 있어 정확하게 설명하거나 묘사하는 데 어려움이 있을 수 있다. 시간 순서에 맞게 설명하지도 못하고 인과관계도 잘 맞지 않는다. A 사건과 B 사건을 뒤섞어 말해 부모가 잘 듣고도 이해하기가 어려운 퍼즐 조각을 맞추는 것처럼 쉽지 않다.

그렇다고 정확하게 표현하지 못할 때마다 잘못된 부분을 지적하는 것은 좋지 않다. 아이들은 괜히 부모님께 말해 혼이 났다고 생각할 수 있기 때문이다. 물론 아이의 언어 습관이 잘못되었다면 고쳐 주어야 한다. 그렇지만 아이가 말하는 중간에 끼어들어 고쳐 주는 것보다는 아이의 이야기를 다 듣고 공감해 준 후 잘못된 점에 대해 부모가 올바른 시범을 보여 줌으로써 아이가 스스로 깨달을 수 있게 해야 한다.

학부모 공개 수업을 하면 학부모들이 어김없이 하는 말이 있다.

"선생님이 질문하시면 우리 아이가 자신 있게 손들고 발표했으면 좋겠어요."

내성적인 아이라도 적절한 자극이 주어지면 자신 있게 발표할 수 있다. 아이들이 발표하기 싫어하는 주된 이유는 '틀릴까 봐' '자신이 없어서'다. 틀려도 괜찮으니 자신의 생각을 표현하는 것이 중요하다고 격려해 줄 필요가 있다. 그리고 엄마가 어린 시절 발표하기 전 떨렸던 경험을 이야기해 주면 좋다.

"엄마도 어렸을 때 발표하기 전에 얼마나 떨렸는지 몰라. 선생님이 시킬까 봐 두렵기도 하고. 그런데 몇 번 해 보니까 점점 자신이 생겼어. 틀려도 괜찮다는 것을 알게 되었지. 에디슨도 수많은 실패 끝에 전구를 발명할 수 있었잖니. '틀려도 괜찮아. 자신 있게만 해 보자'라고 마음먹었더니 그다음에는 진짜 자신감이 생겼어."

또한 아이의 장점을 찾아 칭찬해 주고 격려를 많이 해 주어 자신감을 갖게 해야 한다. 특히 효과 있는 칭찬은 다른 사람들 앞에서 자녀를 칭찬하는 것이다. 아이에게만 말하는 것도 좋지만 다른 사람들 앞에서 아이를 추켜세워 주면 아이의 자신감은 배가 된다.

경수는 공부를 잘하지 못하고 노는 것만 좋아하는 아이였다. 고학년이 되자 경수의 엄마는 경수의 공부 습관을 잡아 줘야겠다고 결심하고 경수와 함께 공부를 시작했다. '나는 못한다' '아예 아무것도 모르겠다'라고만 생각하던 경수는 엄마의 쉽고 친절한 설명에 조금씩 알아 가는 기쁨을 느꼈다. 물론 이런 변화는 6개월 정도 꾸준히 지속한 후에 나타난 것이다. 이렇게 어느 정도 공부 습관이 정착되고 성적도 오르기 시작하자, 경수의 엄마는 같은 교회에 다니는 사람들에게 부탁했다.

"우리 경수를 만나면 칭찬 좀 부탁드립니다. 경수가 요즘 잘하려고 많이 노력하고 있거든요."

이렇게 엄마의 숨은 노력으로 주변 사람들로부터 칭찬을 듣기 시작한 경수는 중학교에 올라가서 전교 5등 안에 드는 우등생이 되었다. 칭찬의 힘을 보여 주는 좋은 사례가 아닐 수 없다.

자신 있게 표현하는 아이로
키우는 독서법

"독서는 풍부한 사람을, 대화는 재치 있는 사람을, 글쓰기는 정확한 사람을 만든다."
— 프랜시스 베이컨, 영국 철학자 및 정치가

가난한 열여덟 살의 미혼모에게서 태어난 흑인 소녀가 있었다. 그녀는 사촌오빠와 삼촌들에게 성폭행을 당해 열네 살에 아이를 낳았다. 삶의 의미를 잃고 마약에 중독되어 살아가던 그녀는 여러 번 자살 시도까지 했다. 그러던 어느 날 그녀는 외할머니로부터 책을 접할 기회를 얻었고, 그것이 그녀의 인생을 바꾸었다. 그녀는 책을 읽으면서 자신처럼 어려움을 겪은 사람들을 만났고, 그들이 그 역경을 어떻게 이겨 냈는지를 배웠다. 책을 읽을수록 똑똑해지는 것을 느꼈고 자신감이 생겼다.

그녀는 할머니와 집에서 키우던 동물들 앞에서 성경을 낭독하며 말하기 연습을 했다. 할머니는 그녀를 교회에 데리고 가서 여러 사람 앞에서 성경을 암송할 수 있는 기회를 만들어 주었고, 사람들은 소녀가 성경을 줄줄 외는 모습을 보고 아낌없이 칭찬해 주었다.

이런 경험은 그녀를 세계에서 가장 성공한 여인 중 한 명으로 만들어 주었다. 위 이야기의 주인공이 누구인지 이미 알아챘을 것이다. 바로 토크쇼의 여왕, 오프라 윈프리다. 그녀는 성공의 비결을 물을 때마다 이렇게 대답했다.

"나는 책을 통해서 인생에 가능성이 있다는 것과, 세상에 나처럼 살고 있는 사람들이 실제로 있다는 것을 알게 되었다. 그래서 나는 내가 열망한 것을 달성할 수 있었다. 독서는 나에게 희망을 주었다. 책은 내게 열려진 문과 같았다."

만일 그녀가 어린 시절의 아픔 때문에 삶을 포기했다면, 지금의 그녀는 없었을 것이다. 그녀는 독서와 할머니의 도움을 통해 자신감을 얻게 되었고, 그 자신감으로 자기 자신을 적극적으로 표현했기에 역경을 극복하고 최고의 위치에 서게 된 것이다.

우리 아이들에게도 자신 있게 표현할 수 있는 기회를 주어야 한다.

"이 책을 읽고 뭘 느꼈니?"

"재밌어요."

"그리고, 또?"

"몰라요."

어른도 책을 읽고 "무엇을 느꼈습니까?"라는 질문을 받으면 선뜻 대답하기 힘들다. 기껏해야 "재미있었다"라거나 좀 더 발전하면 "이런 부분이 인상 깊었다" 정도일 것이다. 아이들도 마찬가지다. 이럴 때 어떻게 해야 할까? 아이에게 먼저 묻기보다는 엄마가 먼저 엄마의 생각을 말하면서 힌트를 주는 것이 좋다.

〈새롭게 알게 된 것 말하기〉

"엄마는 이 책을 읽고 나서 OO에 대해 처음 알았어."

"전 그거 이미 알고 있었어요."

(이렇게 자랑할 기회를 주는 것도 좋다.)

〈궁금한 것 말하기〉

"엄마는 OO가 무슨 뜻인지 잘 모르겠어."

"엄마도 그래요? 저도요."

"궁금한데 어떻게 하면 좋을까?"

"스마트폰으로 검색해 봐요."

"그래, 한번 찾아볼까?"

〈등장인물과 자신을 비교하기〉

"엄마는 OO가 너무 불쌍했어. 엄마라면 무척 힘들었을 텐데 OO는 참 대단하더라."

"저도 나중에 OO처럼 힘든 일이 생기면 더 잘 이겨 낼 거예요."

"그래? 참 훌륭하다."

〈느낌이나 생각 말하기〉

"엄마는 나중에 ○○처럼 세계 여행을 하고 싶어."

"저도요. 저도 모험을 할 거예요."

"어디를 가고 싶니?"

이렇게 엄마가 먼저 자신의 생각이나 느낌을 표현하면 아이도 쉽게 대답할 수 있고 엄마처럼 자신의 생각을 표현하는 데 두려움을 느끼지 않고 자신 있게 말하려 할 것이다. 그런데 무조건 엄마가 묻기만 하면 아이는 대답이 잘 떠오르지 않고 어떻게 말해야 할지도 몰라 짧게 대답하기 일쑤다.

책을 읽고 엄마와 대화를 많이 해야 하는 이유는 아이가 어른과 교류하면서 좀 더 깊이 있는 사고를 할 수 있기 때문이다. 또래 친구도 엄마와 비슷한 역할을 할 수는 있지만 엄마는 시간과 장소에 구애 받지 않고 언제든 편하게 이야기를 나눌 수 있다는 가장 큰 장점이 있다.

이렇게 이야기하면서 글쓴이의 생각, 주인공의 생각이나 행동 등에 대해 의문을 갖고 비판적으로 볼 수 있는 태도가 생긴다. 자신의 생각과 비교하면서 어떤 점이 같고, 어떤 점이 다른지 알아보고, 더 바람직한 생각과 그 이유 등에 대해 깊이 있는 대화를 할 수 있기 때문이다.

이 과정의 핵심은 엄마가 대화의 물꼬를 트지만, 결국 대화의 주도권을 아이에게 주는 것이다. 아이로 하여금 의견, 감정, 생각을 충분히 표현할 기회를 주라. 자신 있게 표현하는 아이로 키우기 위해서는 평상시 부모와의 대화를 통해 자신감을 갖게 하는 것이 중요하다.

토론 잘하는 아이는
엄마가 만든다

"생각하지 않고 읽는 것은 씹지 않고 식사하는 것과 같다."

—에드먼드 버크, 영국 정치가

힐러리 클린턴의 롤 모델이자 프랭클린 루스벨트 대통령의 부인인 엘리너 루스벨트는 다음과 같이 말한다.

"읽은 책이나 정치적인 이슈에 대해 가족들끼리 자주 토론할 수 있는 분위기로 이끌라."

빌 게이츠는 자신의 가정 문화에 대해 이렇게 설명한다.

"부모님은 항상 내가 많이 읽고 다양한 주제에 대해 생각하도록 격려했다. 우리는 책에 관한 것부터 정치까지 모든 주제에 대해서 토론했다."

자녀는 살아가면서 부모와 가정으로부터 가장 큰 영향을 받는다. 부모와 자녀 사이의 토론을 통해 서로의 의견을 존중하는 법, 경청하는 법을 배울 수 있을 뿐 아니라 논리 있게 말하는 법, 비판적으로 사고하는 법 등 민주 시민의 기본 자질인 말하기·듣기 연습도 가능하다. 하지만 아이와 어른의 배경지식에는 많은 차이가 있기에 처음부터 어려운 주제로 토론하기보다는 독서 후 토론과 같은 쉬운 활동을 통해 충분히 토론 방법을 익힌다면 좀 더 깊이 있는 주제도 나눌 수 있게 될 것이다.

독서 토론의 장점은 굉장히 많다. 독서 토론 활동을 통해 아이는 책을 읽는 동안 전략적으로 토론을 준비하는 태도를 갖고 능동적인 독서를 하게 되며 책의 내용을 정확하게 이해하게 되고, 집중하여 독서하는 습관을 형성하는 데도 도움이 된다. 또한 책을 혼자 읽다 보면 자신만의 경험이나 배경지식에 한정되어 폭넓은 생각을 하기 어렵다. 그러나 가족들과 함께 책에 대한 이야기를 나누다 보면 미처 생각하지 못했던 사실을 알 수 있고, 불현듯 깨달음을 얻을 수도 있다. 특히 아이는 부모와 같은 책을 읽으며 이야기하면 좀 더 깊은 생각을 할 수 있을 것이다.

토론의 내용으로는 책의 주제나 주인공의 선택, 또는 주변 인물의 태도 등을 다룰 수 있다. 이를 통해 감정적인 부분의 표현을 넘어 좀 더 깊이 있는 토론으로 이야기를 끌어갈 수 있게 된다.

"그때 주인공은 왜 그곳에 머물지 않고 집으로 돌아간 걸까?"

"주인공의 친구는 왜 그런 무모한 제안을 한 걸까?"

또한 상상력을 자극하는 내용을 질문하면 좋다.

"다음에 주인공은 어떻게 됐을까?"

"나라면 어떻게 했을까?"

가장 중요한 것은 평소 아이의 말을 잘 들어 주는 엄마의 태도다. 아이가 생각을 표현했을 때 관심을 갖고 맞장구를 쳐 주고, 아이의 마음을 읽는 것이 중요하다. 그러면 아이는 점점 표현하는 것을 즐기게 되고 좀 더 나아가서는 "왜 그런 생각을 하게 됐니?"라는 질문에 대해서도 아이는 자연스럽게 자신의 생각에 대한 근거를 표현할 수 있게 된다.

이런 대화가 충분히 이루어지면 아이는 자신의 생각에 어른들, 특히 부모가 관심을 갖고 있다는 것을 느끼고 기뻐한다. 아이가 낸 좋은 의견에는 크게 칭찬하고, 적극 반영하는 것도 중요하다. 그러면 아이는 작은 일에도 "더 좋은 방법은 없을까?"를 고민하게 되고 표현할 수 있게 될 것이다.

질문할 때도 답이 정해져 있는 질문보다는 다양한 답이 나올 수 있는 열린 질문이 아이의 사고력과 창의력을 더욱 키울 수 있다. 또한 줄거리나 단순히 정보를 확인하는 문제보다는 생각할 수 있는 질문을 많이 해야 한다.

"주인공의 행동이 옳다고 생각하니?"

"그 이유는 무엇이니?"

"○○는 왜 그렇게 행동했을까?"

이런 류의 질문이다. 단, 이런 질문을 할 때도 아이가 마치 검사받는 기분이 들도록 하면 역효과가 날 수 있다. 대화하듯이 편안하게 하고, 엄마가 먼저 말하거나, 아이가 막힐 때 "엄마는 이렇게 생각해" 하면서 이야기를 꺼내면 아이도 엄마를 따라 자기 의견을 말하고 싶어 할 것이다. 무엇보다 질문을 확장시켜 나가면서, 아이에게 왜 그런 생각을 하게 되었는지를 물어, 의견에 대한 근거와 예를 적절히 표현하는 훈련을 시키는 것이 좋다.

고학년이라면 독서 클럽을 만드는 것도 좋다. 이 시기에는 또래들과 활동하는 것을 즐거워하므로 규칙적으로 시간을 정해 함께 책을 읽고 이야기를 나눠 보는 것이다. 일주일에 한 번 정도 이런 활동을 하면, 토론을 위해 읽는 책 이외의 책도 더 풍부하게 사고하면서 읽는 습관이 형성된다. 토론하면서 키웠던 비판적 시각이 다른 책을 읽으면서도 무의식적으로 작동하기 때문이다.

힘든 독후 활동, 글쓰기보다는 독서 토론을 통해 자녀와 부모가 함께 대화하는 기쁨을 나누면, 서로의 생각과 의견을 공유할 수 있어 더욱 발전적인 사고를 할 수 있다. 무엇보다 부모와 자녀가 대화를 통해 더욱 가까워질 수 있다는 것은 독서 토론의 가장 좋은 점이다.

아이와 주고받는 짧은 쪽지

"가장 훌륭한 벗은 가장 좋은 책이다."　　　　　—필립 체스터필드, 영국 정치가

　통계청에서 국민 독서 실태를 조사한 결과에 따르면, 학교에서 실시하고 있는 여러 독후 활동 중 독후감 쓰기가 50퍼센트에 달할 정도로 보편적으로 실시되고 있다고 한다. 하지만 독후 활동 선호도를 살펴보면 학생 및 학부모들은 독후감 쓰기를 그다지 선호하지 않는다. 학창 시절 방학 숙제의 단골인 독후감 쓰기는 일기 쓰기와 더불어 하기 싫은 숙제 1순위였다.

　독후감 쓰기는 평상시 독서를 많이 하지 않는 학생들에게 방학을 활용해서 책 읽기를 유도하고, 제대로 책을 읽었는지 확인하기 위한 좋은 취지의 숙제다.

하지만 필자는 개인적으로 독후감 쓰기가 학생들에게 독서를 습관화시키기 위한 방안으로는 바람직하지 않다고 생각한다. 오히려 힘들게 썼던 독후감에 대한 기억 때문에 책을 기피하게 만드는 결과를 초래할 수 있다.

교사뿐만 아니라 부모들도 아이들에게 독후감 쓰기를 강조하고 있다. 책을 읽었으면 무언가 기록으로 남겨야 한다고 생각하기 때문이다. 독후감은 책을 읽은 후 생각과 느낌 위주로 써야 한다. 하지만 대부분의 학생들은 줄거리 위주로 쓰는 경향이 많기 때문에 올바른 방법으로 독후감을 쓸 수 있도록 지도가 선행되어야 한다. 그렇다고 독후감 쓰기가 불필요한 독후 활동은 절대 아니다.

어찌 보면 독후감 쓰기는 독후 활동의 기본 중 기본이다. 그렇다면 자녀에게 독후감 쓰기를 시키면서 책을 기피하지 않게 하는 방법은 무엇일까?

가장 먼저 자녀에게 독후감을 길게 쓰라고 강요하지 말아야 한다. 서술식으로 길게 쓰기보다는 간단하게 메모한다는 기분으로 쓰게 해야 한다. 아이들은 독후감 쓰기 공책을 보면서 빈 공간을 어떻게 채울까 하는 걱정을 먼저 한다. 어른도 한두 쪽의 글을 써 보라고 하면 막막해하는데 아이들에게는 더더구나 공포 그 자체일 것이다.

어린 자녀에게 처음으로 독후감을 쓰게 할 때는 독후감 쓰기 공책보다는 독서 달력을 쓰게 하는 것을 추천한다. 달력에는 읽은 책의 제목만 쓰게 하고, 여러 날에 걸쳐 읽었다면 시작한 날부터 읽기를 마친 날까지 화살표로 표시해 한 권을 읽는 데 며칠이 걸렸는지 확인이 되도록 한다.

한 권을 읽는 데 걸리는 시간에 따라 책의 두께와 난이도를 조절해 주어야 한다. 한 권을 읽는 시간이 오래 걸린다면 조금 더 얇은 책을 읽게끔 해 준다. 얇은 책인데도 시간이 지나치게 오래 걸린다면 조금 더 쉬운 책을 추천해 읽는 시간을 줄임으로써 달력에 더 많은 책 제목을 적게 해 보자. 독서 달력에 채워진 책 제목들을 보면서 아이는 성취감을 느끼게 될 것이다. 한 달에 읽은 책의 수를 세어 보고 지난달과 비교해 반성하게 하거나 보상해 준다면 자녀가 올바른 독서 습관을 형성하는 데 도움이 될 것이다.

독서 달력에 책 제목을 쓰는 데 익숙해지면 제목 밑에 한 문장 정도의 느낌이나 새로 알게 된 점을 쓰게 하자. 많은 내용을 길게 쓰는 것은 중요하지 않다. 책 읽는 활동 그 자체를 좋아하게 만들기 위해서 하는 활동이니만큼 한 문장 쓰는 것조차 부담스러워한다면 몇 단어나 그림도 괜찮다.

자녀가 단어나 문장으로 쓰는 데 익숙해진다면 점차 양을 늘려 쓰도록 유도해 보자. 이것도 마찬가지로 쓰는 데 목적을 두어서는 안 된다. 책 읽기 활동 그 자체에 의미를 두도록 해야 한다.

아이 혼자서만 하는 독후감 쓰기 활동이 아닌 부모와 함께하는 독후감 쓰기 활동도 좋다. 부모도 책을 읽고 나서 아이와 짧은 쪽지를 주고받아 보자. 핵심 단어나 감명 깊은 문장 한두 개만 간단하게 써 보는 것이다. 마치 책을 읽고 명언을 찾아낸다는 느낌으로 하면 좋다.

위와 같은 방법으로 주고받은 쪽지들을 잘 모아 엮으면 훌륭한 독서 기록장이 된다. 또한 자녀는 부모의 쪽지를 보고 부모의 생각을 이해하게 되고, 부모 또한 아이가 뽑은 명언이나 단어, 간단한 느낌을 통해 자녀의 마음이나 심리 상태를 엿볼 수 있어 쪽지 대화는 부모와 자식 사이의 올바른 의사소통의 창구로도 활용 가능하다. 또한 부모와 자녀의 생각의 차이는 자연스러운 토론으로 이어져 자신의 생각을 논리적으로 말해 보는 기회를 마련해 줄 수 있다.

글쓰기는 학원서 배우는 게 아니라 독서력이 답이다

"한 권의 좋은 책은 한 척의 배와 같아서 우리를 편협한 곳에서부터 넓고 광활한 바다로 인도한다."
　　　　　　　　　　　　　　　　　—헬렌 켈러, 미국 작가 및 사회사업가

아이의 글쓰기 능력을 키워 주기 위해 고액 과외나 독서 논술 학원, 독서 학습지를 시키는 경우가 많다. 특히 고등학교에 진학해 발등에 불이 떨어져서야 논술을 위한 글쓰기 요령만 주입식 단기 속성으로 배우는 경우가 많다. 그러나 글쓰기는 이론을 많이 공부한다고 해서 잘되는 것이 결코 아니다. 수영이나 자전거 타기처럼 실제로 직접 해 보지 않고는 잘할 수 없다. 그렇다면 어떻게 해야 할까?

일기 쓰기가 그 답이 될 수 있다. 실제로 필자는 '자기주도학습 일기'를 써서 도움이 되었다는 학생들을 많이 봤다. '자기주도학습 일기'란 학습 계획, 반성 일기를 접목한 일기 쓰기 방법이다. 매일 쓰면 부담될 수 있으므로, 학교 숙제와 연동하여 일주일에 두 번 정도가 적당할 것이다.

우선 제목이나 쓰고 싶은 주제를 정한다. 그리고 첫 줄에 자신의 생각을 한 문장으로 쓴다. 그다음은 더 자세히 쓰기, 자신의 주장이나 생각에 대한 근거 들기, 예시 들기, 사례 들기와 같이 살을 붙여 나가면 된다.

일기에는 저마다 다른 개인적 생각이나 경험이 자연스럽게 녹아 들어가 있다. 따라서 일기 쓰기는 독창적인 글쓰기 훈련이 될 수 있다.

자기주도학습 일기 예시

- **제목**: 학원
- **생각이나 주장**: 학원을 조금 줄였으면 좋겠다.
- **첫 번째 이유**: 왜냐하면 학원을 다니느라 집에서 숙제할 시간이 없기 때문이다. 어제는 수학 익힘책 풀기 숙제를 하지 못했다. 선생님이 숙제를 못한 이유를 물으셨을 때, 나는 학원을 많이 다니느라 집에 너무 늦게 들어와 피곤해서 못했다고 대답했다. 그랬더니 선생님은 학원보다 학교가 더 중요하다며 나를 혼내셨다. 난 속상했다. 정말 피곤해서 집에 와서는 도저히 숙제를 할 수 없었기 때문이다.
- **두 번째 이유**: 친구들이 학교가 끝난 후에 함께 놀자고 했는데, 나는 학원 때문에 못 논다고 말했다. 이런 일이 한두 번이 아니다. 그래서 친구들이랑 점점 멀어지는 느낌이다.

- **세 번째 이유**: 엄마에게 학원을 줄여 달라고 말했지만 엄마는 그냥 계속 다니라고만 하신다. 학원을 줄이면 집에서 더 열심히 공부할 자신이 있다. 내일은 엄마에게 다시 한 번 말씀드려 봐야겠다.

위의 예시처럼 글을 쓰면 그동안 고민이 있었던 내용에 대해 속풀이가 된다. 9·11테러 당시 심각한 외상 후 스트레스 장애를 입은 사람들 중 정신 치료 상담을 받은 집단보다 꾸준히 일기를 쓴 집단이 더 빨리 회복되었다는 연구 결과도 있다.

톨스토이는 평생 하루도 빠짐없이 일기를 썼다. 그에게 일기를 쓴 이유를 묻자, "어제보다 더 나은 내가 되기 위해서"라고 답했다. 하루 동안 있었던 일을 돌아보았을 때 '아! 그때 이렇게 했으면 좋았을 텐데!'라고 후회되는 일이 있을지라도 내일은 같은 실수를 반복하지 않고 바로잡을 수 있는 것이다. 그런 반성의 시간과 스스로에 대한 피드백은 나를 키우는 자양분이 된다.

또한 아이의 글쓰기 실력을 키워 주고 싶다면 많이 읽히라. 글쓰기 능력을 키우는 절대 진리는 '다독, 다작, 다상량'이다. 즉, 많이 읽고 많이 쓰고 많이 생각하는 것이다. 책을 많이 읽으면 각 이야기의 상황과 결말, 주제를 자신에게 적용해 보게 되면서 생각이 풍부해진다. 이는 상상력과 추리력, 논리력을 키워 주어 글쓰기에 매우 중요한 자양분이 된다.

독서보다 글쓰기를 앞세우면 요령은 있지만 내용은 부실해진다. 좋은 글에는 글쓴이의 진심과 생각, 사상이 잘 담겨 있다. 주어와 술어, 서론과 본론과 결론의 구성을 잡는 방법 등 글쓰기 기술을 습득하면 글의 내용을 보다 일목요연하게 전달할 수 있지만, 정작 그 내용에 깊이와 진심이 없다면 결코 좋은 글이 될 수 없다. 아무리 훌륭한 형식을 갖춘 글이라고 해도 그 내용이 별 볼 일 없으면 읽는 사람의 마음을 움직이지 못한다. 글쓰기 기술은 언제 얼마든지 배울 수 있지만, 좋은 글을 쓰기 위한 생각의 훈련은 오랜 기간 다독을 통해서만 이루어질 수 있는 것이다.

다독, 다상량의 훈련이 되어 있지 않은 아이들은 정해진 분량의 글쓰기를 하기 위해 주제를 벗어난 내용을 담는 경우가 많다. 글의 형식을 갖추는 훈련은 되어 있지만, 제목과 주제에 맞는 내용을 충분하게 담아낼 만큼의 깊이 있는 생각은 갖추지 못해 사족을 달게 되는 것이다. 처음 글쓰기를 연습할 때는 분량이 부족하더라도 한 가지 주제에 대해서만 글을 쓰는 훈련을 시켜야 한다. 다독을 통해 다양한 상황과 주제에 따른 나만의 생각을 정리하게 되면 생각의 양도 많아지므로, 지속적인 독서를 통해 글쓰기의 분량은 자연스럽게 채워질 수 있다.

글쓰기를 잘해야 하는 이유는 대회에서 상을 받거나 글을 잘 써서 좋은 대학에 가기 위한 목적 그 이상의 이유가 있다. 깊이 있는 글쓰기는 바로 '나를 성장시키는 최고의 도구'이기 때문이다. 자녀가 인성과 지성이 골고루 자라기 바란다면, 다독을 통한 다작으로 이끌기 바란다.

글쓰기 힘을 기르는 독서 전략

"읽는 것만큼 쓰는 것을 통해서도 많이 배운다."　　　—액튼 경, 영국 역사가

　책이라는 매체 이외에 신문 사설 읽기도 글쓰기 실력을 향상시키는 데 도움이 된다. 신문 사설은 다독, 다작, 다상량의 대가들이 쓰는 글이다. 아이들이 그 글을 잘 읽고 그들의 글쓰기 방식을 터득해 모방하고 연습한다면 글쓰기도 어려운 일만은 아니다. 또한 시사 관련 지식이나 배경지식도 넓힐 수 있으니 일석이조라 하겠다.

　아이들에게 신문 사설을 읽힐 때 주의할 점이 있다. 신문은 성인을 대상으로 쓴 글이므로 아이들이 이해하기는 힘들다. 따라서 아이 수준에 맞는 어린이 신문으로 권해 주는 것이 좋다. 어른 신문을 활용하려면 고학년이나 중학생 때부터 시작하는 것이 적당하다. 자칫 아이가 신문 읽기는 어렵고 지루하다는 생각을 갖지 않도록 해야 한다.

또한 지나치게 많은 정보의 홍수를 피해 가야 한다. 부모가 아이를 위해 신문 사설만 골라 읽을 수 있도록 스크랩해 주는 것도 좋다. 어떤 부모는 매일 일간지에서 사설 부분만 오려서 화장실 변기 위에 둔다고 한다. 또 미국 케네디 대통령의 어머니는 식탁 옆에 칠판을 두고 칼럼을 두세 개 오려 붙여 놓았다고 한다.

아이가 사설을 읽으면서 글의 형식을 파악할 수 있도록 하자. 제목은 어떻게 붙였는지, 앞부분, 중간 부분, 끝 부분에는 각각 어떤 내용을 썼는지도 파악해야 한다.

제목은 대개 독자의 눈길을 끌 수 있도록 글의 핵심을 쓰거나, 반어적으로 물음표를 달기도 한다. 앞부분은 일상생활, 좋은 글의 인용, 요즘 이슈가 되고 있는 내용 등 독자가 쉽게 글에 몰입할 수 있도록 끌어들이는 역할을 한다. 중간 부분은 글쓴이가 하고 싶은 말을 다양한 사례를 들어 설명한다. 생활 주변, 책에서 읽은 내용, 글쓴이가 깨달은 내용 등이다. 끝부분은 글쓴이가 강조하고 싶은 내용을 다시 한 번 언급한다.

이렇게 글의 형식을 파악하면서 꼼꼼히 읽기만 해도 글을 쓰는 데 많은 도움이 된다. 나중에 학교 글쓰기 숙제나 글짓기 대회가 있을 때, 이런 사설의 형식과 글 쓰는 방식들을 참고하면 어렵지 않게 글을 쓸 수 있을 것이다.

사설이나 신문 기사 중에서 특별히 아이가 관심을 갖는 내용들을 노트에 스크랩하고 의견을 달게 하는 것도 좋다. 이러한 기록들은 추후 글쓰기에서 좋은 자료이자 글쓰기 자양분이 될 수 있다.

처음 사설 스크랩 기록을 시작하는 아이라면 막상 읽은 내용을 정리하려고 할 때 힘들어할 수 있다. 이때 활용할 수 있는 방법이 브레인스토밍이다. 브레인스토밍은 머릿속의 생각을 종이 위에 모두 적는 것을 말한다.

1단계: 책이나 신문 사설을 읽고 가장 기억에 남는 것을 중심으로 주제를 하나 정한다.

2단계: 그 주제와 관련해 떠오른 것을 종이 위에 모두 적는다.

3단계: 어떠한 생각도 버리지 않고 모두 쓴다. 단어, 그림 무엇이든 좋다.

4단계: 종이 위에 쓴 여러 생각들을 비슷한 종류끼리 묶어 본다.

5단계: 글로 정리한다.

이렇게 머릿속에 드는 생각들을 모두 꺼내 놓으면 미처 생각하지 못했던 아이디어들이 떠올라 발견의 기쁨을 느낄 수 있다.

수많은 글쓰기 지침서들이 시중에 나와 있다. 중요한 것은 그런 책들을 읽기만 하는 것이 아니라 직접 실천하는 것이다. 지금 바로 연필을 들고 중요한 부분을 찾아 밑줄부터 그어 보자.

책을 읽었는데 물어보면 몰라요

성격에 따라 읽는 방식도 다르다. 리더십 전문가인 최진의 《대통령의 독서법》을 보면, 차분한 성격이었던 링컨은 책을 읽을 때 좋은 구절을 외워 가며 꼼꼼히 정독했다고 한다. 반면 화끈한 성격이었던 나폴레옹은 다독을 즐겼다고 한다. 오죽하면 전쟁에 나갈 때 수레에 책을 가득 싣고 갔겠는가?

대단한 독서가로 알려진 안철수는 책을 많이 읽는 것보다 책을 읽고 생각하는 것을 중시했다. 그는 다음과 같이 말한다.

"소설을 읽으면 줄거리에는 관심이 없었어요. 대신 주인공의 사고 방식과 행동 방식에 관심이 많았어요. 예를 들어 《금삼의 피》를 읽으면서 '왕인데 왜 이렇게 불행할까?' '나라면 어떻게 할까?' '왜 화를 내지?'라고 생각하고 이해하려고 해 봤어요. 그렇게 다양한 사람들을 이해하려고 노력하니까 정작 주인공이 죽었는지 살았는지 스토리를 잊어버리더군요."

그의 말을 들으면 우리가 책을 읽은 후 독서 퀴즈의 정답을 맞히고, 단편적인 지식을 외우는 것이 얼마나 낮은 단계의 독서인지 알 듯하다. 지식은 인터넷에 널려 있다. 검색창에 단어 하나만 입력하면 관련된 정보들이 나열된다. 이제 우리에게는 언제 어떤 단어를 검색해야 하는지 생각할 수 있는 힘을 기르는 것이 중요하다.

"우리 애는 책을 읽다 말아요."

"읽었는데도 물어보면 몰라요."

아이가 꼭 모든 책을 처음부터 끝까지 읽어야 할까? 좋은 책은 몇 번을 읽어도 좋지만, 그렇지 않은 책은 조금 읽다 말아도 된다. 그것을 나누는 기준은 지금 아이가 원하는가 그렇지 않은가다. 부모가 생각하기에는 지금 아이에게 도움이 되는 책, 공부와 관련 있는 책을 더 많이 읽었으면 좋겠지만 아직 아이가 그것을 받아들일 준비가 되지 않았다면 기다려 주는 것이 좋다. 아이 입장에서는 재미도 없는 책을 부모나 선생님의 강요로 끝까지 읽어야 한다면 얼마나 고통스럽고 질리겠는가?

또한 아이가 잘 읽었는지 내용을 자주 확인하는 것도 좋지 않다. 잠자리에서 부모와 함께 읽은 책 한 권에 대해서 서로 이야기를 나누는 정도가 좋다.

아이가 책을 읽다 말거나, 읽었는데도 물어보면 내용을 모르는 경우 두 가지 원인이 있을 수 있다. 책을 읽는 방법을 모르거나, 지금 읽고 있는 책이 어렵기 때문이다.

책 읽는 방법을 모르는 경우, 책을 분명 읽었는데도 내용에 대해 물어보면 잘 모른다. 이럴 때는 책을 읽는 중간중간 지금까지 읽은 내용을 요약해 보거나 주제를 상기시켜 가며 읽는 연습이 도움이 된다.

"이 글에서 가장 중요한 내용은 무엇일까?"라는 질문에 아이가 스스로 설명하는 연습이다. 하지만 이 활동이 아이에게 부담을 준다면 하지 않는 것이 좋다. 왜냐하면 읽기 경험이 쌓이고, 어휘력과 이해력이 좋아지면 저절로 해결될 문제이기 때문이다.

아이가 더듬거리며 읽거나 능숙하게 잘 읽지 못한다면, '소리 내어 읽기'를 추천한다. 아나운서들도 명확한 발음을 위해 소리 내어 읽는 연습을 한다. 엄마와 아이가 나란히 앉아서 한 쪽씩 큰 소리로 읽는 연습을 해 보자. 큰 소리로 읽으면 더 흥이 나기 때문에 더 즐거운 활동이 될 수 있다.

아이가 어려워한다면 학년별 권장 도서보다는 그보다 조금 난이도가 낮은 책을 권해 주는 것이 좋다. 그렇게 읽기 경험이 풍부해져야 독서 방법을 스스로 터득할 수 있기 때문이다. 괜히 어려운 책만 고집했다가 책 읽기에 흥미를 잃거나 독서에 대한 부정적인 생각이 쌓이면 독서 습관을 바로잡기가 더 힘들어진다.

PART 6

세상을 바꾼
위인들에게 배우는
성공 독서

세계 최고 전문가로 키우는
워런 버핏의 집중 독서

'투자의 귀재' 하면 가장 먼저 떠오르는 인물은 워런 버핏일 것이다. 주식이니 투자니 재테크니 경제에 일절 관심이 없는 사람도 워런 버핏을 알고 있다. 전 세계 많은 사람이 그가 얼마나 돈이 많은지, 어떻게 하면 그처럼 돈을 벌 수 있는지 궁금해한다. 그래서 그와 한 끼 점심식사를 하기 위해 몇 백만 달러(몇 십억 원)를 지불하기도 한다.

우리는 그의 투자 비법을 알기 위해 수십억 원의 점심식사를 할 수는 없다. 하지만 우리는 그가 투자자로서 성공할 수 있었던 원동력을 그의 저서나 말과 행동을 통해 알 수 있다.

도대체 그의 성공 뒤에 숨어 있는 원동력은 무엇일까? 세계경제를 좌지우지할 수 있는 재력일까? 하향 평가된 기업의 잠재력을 알아보는 안목 때문일까? 그것들 때문이 아니라고는 할 수 없지만 워런 버핏이 투자가로서 성공하는 데 있어 가장 막대한 영향을 끼친 것은 그의 집중식 독서 습관이다. 워런 버핏은 "가장 짧은 시간에 인생을 가장 위대하게 바꾸는 방법으로 독서보다 더 좋은 것은 없다"라고 말한다.

워런 버핏은 어렸을 적부터 숫자에 관심이 많았다. 자신이 잘할 수 있는 일은 숫자와 관련된 일이라고 생각한 그는 투자, 주식에 관련된 책을 집중적으로 읽는 습관을 갖게 되었다. 그는 여덟 살에 아버지 서가에 있던 증권 서적을 탐독했고, 열 살 때는 오마하 공공도서관을 찾아 투자 관련 책을 모조리 읽었으며, 열한 살에는 직접 주식 투자를 하면서 경제 신문을 읽고, 경제 용어를 알기 위해 책을 뒤졌다고 한다. 아버지가 하원의원으로 당선되어 의회도서관을 마음대로 이용할 수 있게 되었을 때는 경마 관련 책을 모조리 빌려 공부하기도 했다.

이런 버릇은 대학 때까지 이어졌다. 1947년부터 1951년까지 펜실베이니아대학교에서 수학, 통계학을 전공했고, 3학년 때 고향 오마하의 네브래스카대학교 링컨 경영대에 편입해 투자와 관련된 과목과 경영학을 섭렵할 때도 학과 공부보다는 경제와 주식, 경매 관련 책을 읽는 것을 좋아했다고 한다. 하지만 워낙 방대한 독서량 덕분에 학과 성적은 나쁘지 않았다고 하니, 그의 독서 수준을 가늠케 한다.

투자가로서 최고의 성공을 거둔 버핏은 지금도 늘 신문과 책을 가까이한다. 특히 〈월스트리트저널〉, 〈파이낸셜타임스〉, 〈워싱턴타임스〉, 〈뉴욕타임스〉 등의 경제 신문을 매일 꼼꼼하게 챙겨 보고, 경제 관련 책은 앉은 자리에서 한 권을 다 읽는 일이 허다하다고 한다. 하루에 다섯 권을 독파하기도 하며 더욱이 읽는 활동에서 끝내지 않고 읽은 책이나 자료, 보고서를 파일로 세세하게 분류해 자료실에 보관해 둔다고 한다.

버핏은 시간과 장소를 가리지 않고 필요한 책이나 자료를 찾아 읽는다. 책뿐만 아니라 주식 관련 자료들도 먼 곳까지 직접 찾아가 구해서 읽는다. 보험회사의 통계자료를 보기 위해 멀리 떨어진 도시를 찾아다녔으며, 이미 다른 사람들에게 알려져 있는 자료가 아닌 공개되지 않은 자료들을 구해 읽었다. 특히 투자회사 무디스의 〈무디스 매뉴얼〉을 꼼꼼하게 읽고 자신만의 주식 투자 노하우를 얻었다고 한다.

버핏의 이런 집중식 독서 습관이 30세라는 이른 나이에 버핏을 백만장자로 만들어 준 원동력일 것이다.

가끔 학부모와의 상담 중 자녀의 편식성 독서 습관에 관해 걱정하는 학부모들을 만난다.

"저희 아이는 역사책만 좋아해서 탈이에요."

"저희 아이는 과학책만 좋아해서 과학책이나 과학 잡지만 보는데 어떻게 하죠?"

"지원이는 차에만 관심이 있는지, 차에 관한 책만 보고 차 그림만 그려요. 다른 책들도 읽어야 하는데 걱정이에요."

이런 걱정을 하는 학부모에게는 버핏의 집중식 독서 습관에 관해 이야기해 준다. 아이들이 잘하고 좋아하는 책을 읽도록 허용해 줘야 한다. 과학을 좋아하는 아이는 과학책뿐만 아니라 여러 과학 잡지도 읽도록 권해 주어야 한다. 차에 관심이 많은 아이에게는 최신 개발된 신차에 대한 자료를 읽을 수 있도록 알려 주어야 한다. 그래야 대한민국에서도 워런 버핏, 스티브 잡스, 스티븐 스필버그 같은 인물들이 나올 수 있지 않을까?

버핏은 "당신이 좋아하는 일을 하라. 돈이 아니라 당신이 좋아하고, 사랑할 수 있는 일을 하라. 그러면 돈은 저절로 들어온다"라고 했다. 버핏이 그러했듯이 우리 아이들도 자신이 좋아하고 사랑하는 일을 하게 되면 성공은 따라올 것이라고 믿는다.

사람의 마음을 움직이는
링컨의 암송 독서

우리나라 공공도서관 한 곳당 인구수 및 1인당 장서량의 비율은 OECD 가입 국가 중 최하위 그룹에 속한다. 그렇다고 책이 없어서, 혹은 읽고 싶은 책을 구하지 못해 독서를 하지 못했다고 변명하는 사람은 없을 것이다. 클릭 한 번이면 아침에 주문한 책이 오후에 배송되는 사회이기 때문이다.

이렇듯 누구나 손쉽게 책을 구해 읽을 수 있는 사회를 몇 년 전 까지는 상상할 수 없었다. 우리나라뿐 아니라 외국 어느 나라에서건 책은 돈과 시간이 있는 사람들의 전유물이었다. 하지만 돈도 시간도 부족했지만 책을 통해 성공한 위인도 많다. 특히 미국의 16대 대통령을 지낸 에이브러햄 링컨이 그러하다.

'링컨' 하면 가장 먼저 떠오르는 말은 노예 해방일 것이다. 남북 전쟁을 승리로 이끌어 노예를 해방시키고 부강한 미국의 기틀을 마련한 링컨의 업적의 원천은 독서였다고 평가되고 있다.

링컨은 정식으로 학교교육을 받지 못했지만, 독서를 통해 측량기사, 변호사가 되었고 수많은 역경을 딛고 미국의 대통령이 되었다. 대통령이 된 후 링컨은 게티즈버그 연설에서 "국민의, 국민에 의한, 국민을 위한 정부는 지상에서 영원히 사라지지 않을 것이다"라는 유명한 연설을 남겨 오늘날에도 수많은 사람에게 회자되고 있다. 링컨은 대통령이 되고 워싱턴에 와서야 처음으로 연극을 볼 수 있었다고 한다.

링컨의 지극한 독서 습관은 어린 시절부터 시작되었다. 가난한 가정 형편 때문에 책을 살 돈이 없었던 링컨은 책을 빌려 와 편지지만 한 크기의 종이에 내용을 모두 베껴 쓴 다음 실로 묶어 자신만의 책을 만들어 읽었다. 또한 밤에 석유 등불이 없을 때는 숲속에서 나무껍질을 모아 집으로 가지고 와서 불을 밝히고 책을 읽었을 정도였다. 그의 아버지는 책을 너무 가까이하는 링컨을 못마땅하게 여기며 책을 못 읽게 하였다. 아버지는 어려운 가정 형편 때문에 링컨에게 일만 하라고 강요했으나 링컨은 아버지 눈을 피해 마구간이나 밭, 숲으로 가서 독서를 했으며, 늘 모자 속에 종이와 연필을 넣어 가지고 다니면서 공부했다.

어린 시절 링컨에 대한 주변 사람들의 회상은 모두 그의 독서에 관한 것이었을 정도로 그는 언제 어디서나 독서에 열중했다. 링컨은 집에 있는 책만으로는 만족할 수 없어 먼 곳까지 마다하지 않고 책을 빌리러 다녔다. 또한 농사를 도와주는 대가로 이웃들로부터 두세 권의 책을 빌려 읽기도 했다.

링컨은 책을 거의 외우다시피 했다. 링컨은 빌린 책을 돌려주기 전에 책의 내용을 기록해 놓았고 이렇게 스스로 만든 독서 노트를 반복해 읽었다. 특히 읽을 때 큰 소리로 낭독하기를 좋아했다. 링컨이 밭에 《퀸의 농담》이라는 유머집을 가지고 나가 통나무에 걸터앉아서 큰 소리로 읽을 때면, 듣고 있던 농부들의 너털웃음 소리가 숲속에 울려 퍼졌다는 일화도 있다. 또한 링컨은 어려운 내용이 나오면 완전히 이해할 때까지 꼼짝하지 않고 몇 번이고 반복해 읽었다. 링컨은 문학작품에 깊이 빠져들면 큰 소리로 되풀이해서 읽어 암송했다고 한다.

이렇듯 어려운 환경에서도 손에서 책을 놓지 않고 암송할 정도로 읽고 또 읽었던 링컨의 독서 습관은, 오늘날 손쉽게 책을 구해 읽을 수 있음에도 읽지 않고, 좋아하는 책의 인상 깊은 구절 하나 외우지 못하는 우리의 모습을 반성하게 한다.

링컨이 암살당했을 때, 그의 아들은 "아버지는 천국에서 행복하게 지낼 것이다. 이곳에서는 행복하지 않으셨다"라고 한 것을 보면 그가 얼마나 힘든 삶을 살았을지 짐작이 된다. 이렇듯 힘든 삶 속에서 그가 노예를 해방시키고 미국을 통합할 수 있었던 것은 독서를 통해 얻은 영감과 결단력이 있었기에 가능했다.

그는 먼 훗날까지도 '사람의 마음을 움직이는 독서가'로 사람들의 기억 속에 살아 있을 것이다.

알 때까지 파고드는
정약용의 질문 독서

2012년 유네스코에서 지정한 문화 인물 중에는 이름만 들어도 누구나 알 수 있는 《에밀》의 장 자크 루소, 작곡가 클로드 드뷔시, 《데미안》의 헤르만 헤세와 더불어 우리나라 사람도 포함되어 있다. 세계에서도 인정받은 주인공은 바로 조선이 낳은 천재 실학자, 다산 정약용이다. 정약용은 정조(조선 22대 임금) 때 문과에 급제하여 부승지까지 올랐고, 문장이 뛰어나고 학문이 깊었으며, 거중기를 발명해 정조가 수원 화성을 쌓을 때 큰 기여를 했다.

그는 젊은 시절 이벽, 이승훈 등과 사귀면서 천주교에 경도되었는데, 천주교 박해가 일어나면서 강진으로 귀양을 가게 되었다. 그곳에서 18년을 보내며 500권이 넘는 책을 집필했다. 다산은 학문의 기본은 자기를 위하는 수기(修己)와 나라를 위하는 경세(經世)라고 여기고,

신분 타파와 당파주의 배격을 주장하였으며 백성을 위한 정치의 대본이 되는 《목민심서》, 《경세유표》 등을 지었다. 그가 이와 같이 많은 책을 집필할 수 있었던 가장 큰 요인 중에 하나는 독서에 있다고 할 수 있다.

다산은 두 아들에게 쓴 편지와 여러 저서에서 독서 방법에 대한 많은 가르침을 남겼는데, 그중 몇 가지는 현대인들의 올바른 독서 습관 함양에 도움이 될 만한 것들이기에 소개해 보겠다.

다산은 정독의 중요성을 이야기하였다. 책을 읽을 때는 한 글자를 읽더라도 자신이 모르는 것을 찾아 연구하며 읽어야 함을 강조했다. 한 글자의 의미와 어순에 따라서 다양한 해석이 이루어질 수도 있고, 그 한 글자가 다른 책에서는 어떤 의미로 쓰이는지 찾는 과정이 곧 또 다른 공부를 하는 것이기에, 한 글자 한 글자를 의미 있게 보아야 진정한 독서라고 하였다. 만약 책을 읽는 도중 모르는 낱말, 사상, 이론이 있을 때 백과사전이나 관련된 내용을 찾아 읽는 습관을 갖는다면 한 권의 책을 읽으면서 다수의 책을 읽는 효과를 볼 수 있는 좋은 독서 습관이 될 것이다.

또한 다산은 잠을 쫓기 위해 소일거리로 책을 읽는 것을 지양하라고 가르쳤다. 그는 조선 최고의 실학자답게, 백성과 나라에 실질적인 도움을 주기 위해서는 책을 정독해야 한다고 믿었다. 이는 독서를 우아한 취미로만 여기는 현대인에게 의미가 있는 독서 습관일 것이다.

다산은 글을 읽으며 메모하는 습관, 즉 초서를 강조하였는데, 초서란 중요한 부분을 뽑아 적어 두는 독서 방법이다. 즉, 독서를 하며 메모하는 습관을 일컫는다. 다산은 메모를 일상의 일로 여겼다. 독서는 글쓰기의 기본이며, 메모는 글의 정수를 보관하는 금고라고 하였다. 독서하며 메모를 하면 책을 통해 얻은 다양한 지식을 오래도록 기억할 수 있고, 글쓴이가 책을 통해 전달하고자 하는 핵심 생각을 쉽게 파악할 수 있으며, 책을 읽으며 떠올랐던 생각이나 의문점들을 통해 탐구할 수 있기 때문이다.

다산의 이러한 독서법은 오늘날에도 가치 있다. 다산은 독서를 하고 알게 된 지식과 정보를 사장시키지 않고 삶과 접목시킬 것을 강조하였다. 이런 태도는 다산이 아들에게 보낸 편지에 잘 나타나 있다.

"네가 닭을 친단 말을 들었다. 양계는 참 좋다. 하지만 닭을 기르는 것에도 우아하고 비속한 것, 맑고 탁한 것의 구별이 있다. 진실로 능히 농서를 숙독하고 좋은 방법을 시험하되 혹은 색깔별로 구분해 보기도 하고 혹은 횃대를 다르게 해 보기도 하여 닭이 살찌고 윤기가 흐르며 번식하는 것이 다른 집보다 낫게 하는 이것이 독서한 사람의 양계다. 만약 이익만 보고 옳은 것을 보지 못하며 이웃에 채소 가꾸는 늙은이와 아침저녁으로 다투기나 한다면 이것은 서너 집밖에 없는 산골에 사는 못난 사람들의 양계일 뿐이다. 네가 어떤 것에 편안해할지 모르겠다."

다산은 이 편지에서 독서하는 사람은 양계라는 생업의 결과를 연구와 연결시켜, 민생에 도움이 될 양계법의 저술로 이어질 수 있어야 한다고 하였다. 실생활에 적용시키는 독서는 앎을 더 깊게 만들 뿐만 아니라 더 오래도록 기억하게 하는 방법이 되며, 그 과정을 모으면 새로운 책이 하나 만들어질 수 있을 것이고, 그것은 많은 사람에게 혜택이 되는 독서로서 그 가치가 높아진다고 보았다. 실제 정약용의《목민심서》나《흠흠신서》같은 책들은 이러한 방식으로 수많은 사례들을 수집하여 체계에 따라 분류·정리한 것이다.

이 밖에도 다산은 수많은 저서를 통해 독서에 관한 자신의 생각을 담았다. 다산과 같은 훌륭한 학자의 앎과 깨달음을 몇 권의 책을 읽는 것만으로는 그 정수를 다 이해할 수 없겠으나, 열심히 따라 한다면 분명 지금보다는 발전할 수 있을 것이다.

다산이 강진에서 가르친 제자 중에 황상이라는 제자가 있었다. 그는 열다섯 살에 다산을 만나 처음으로 글자를 배웠다. 그런데 불과 3년 반 뒤에는 다산의 형 정약전, 추사 김정희가 황상의 글과 시를 보고 깜짝 놀라, 어디서 이런 문장이 나왔느냐고 감탄할 정도로 성장했다. 훌륭한 스승 밑에서 제대로 된 방법에 따라 책을 읽고, 열심히 익힌다면 누구나 황상과 같이 될 수 있다고 확신한다.

원리를 깨우치는
세종대왕의 백독백습

세종대왕은 우리 역사에서 가장 뛰어난 제왕이며, 성군이라는 데 이의를 달 사람은 없을 것이다. 세종은 성품이 어질고 재능이 출중하였으며, 다방면에 통하지 않은 분야가 없었다. 세종이 다스린 시대는 우리 민족의 역사상 가장 찬란한 문화 중흥을 이룬 시대이기도 했고, 정치 · 경제 · 사회 · 문화 등 모든 면에서 꽃을 피웠으며, 나라의 기틀이 견고하게 선 시기였다. 세종을 이와 같은 탁월한 지도자로 만든 가장 중요한 요인이 무엇일까? 그것은 세종의 '독서' 능력이다.

세종의 책 사랑은 그의 말과 행동 하나하나를 놓치지 않는 사관들의 기록에서도 알 수 있다. 사관들은 임금이 천성적으로 부지런하여 독서를 즐기고 정사와 경연을 멈추지 않았으며, 식사할 때도 밤중에

도 병이 났을 때도 책을 손에서 놓지 않아 읽지 않은 책이 없을 정도
라 밝히고 있다.

조선 전기의 학자 서거정이 지은 한문 수필집《필원잡기》에 보면
세종이 얼마나 책 읽기를 좋아했는지 알 수 있다.

"세종은 어려서부터 몸이 허약하면서도 글 읽기를 그치지 아니하
여 병이 점점 심해졌습니다. 그러자 태종이 내시에게 명하여 갑자기
그 처소에 가서 책을 모두 거두어 오게 하였지요. 이때 구양수와 소
동파가 쓴 편지글을 모은《구소수간》한 권만이 병풍 사이에 남아 있
었는데, 세종은 이 책을 천백 번을 읽었다고 합니다."

세종이 책을 사랑한 데는 단순한 지적 욕구 충족 때문만이 아니라
필요와 가치가 있다고 생각하였기 때문이다. 그는 단지 지식을 획득
하기 위해서가 아니라, 정신이 맑아지고 생각이 정리되며 마음이 편
해지기에 책을 손에서 놓지 않고 보는 것이라며 독서의 목적에 관해
신하들에게 말하였다.

세종은 '백독백습(百讀百習)'을 한 것으로 유명하다. 백독백습이란
100번 읽고 100번 쓴다는 뜻으로 백독백습을 통해 책 한 권을 온전
히 이해했으며, 저자의 생각 수준에 도달할 수 있었다고 한다.

독서를 좋아한 세종은 경서를 읽고 그에 관해 왕과 신하들이 모여
토론하는 자리인 경연을 자주 열었다. 세종뿐 아니라 조선의 왕들은
경서를 읽고 토론하며 이를 통해 나라를 잘 다스리는 방법을 배우는
것을 의무로 여기고 있었다. 많은 조선의 왕들이 경연을 열었으나

세종만큼 경연에 적극적으로 임하는 왕은 드물었다. 세종은 즉위년부터 21년 2월까지 총 1,976회 이상 경연을 열었다고 전해지고 있다.

세종은 자신도 책을 많이 읽었지만, 신하와 백성들에게도 책을 권장하는 군주였다. 그는 나라가 부강해지기 위해서는 많은 사람이 책을 읽어야 한다고 생각해 여러 정책들을 펼쳤다. 인쇄술을 발달시켜 책을 만들어 보급하여 많은 백성들이 독서를 할 수 있도록 해 주었을 뿐만 아니라, 집현전을 설립해 젊고 재능 있는 인재들에게 국정 일체에 관해 연구하는 역할을 맡겼다. 세종은 '사가독서(賜暇讀書) 제도'를 두어 바쁜 조정의 업무와 학문 연구를 하느라 조용히 독서할 시간과 기회가 부족한 젊은 집현전 학자들이 6개월에서 1년 정도 조용한 곳에서 독서에 빠져 지낼 수 있는 기회를 주었다. 책을 읽고 싶어도 시간을 내기 어려운 젊은 신하들에게 풍광 좋은 곳에 거처를 마련하여 책을 읽도록 했고, 또 집안일 걱정으로 공부하는 데 방해를 받지 않도록 이들의 집안 살림까지 나라의 비용으로 지원해 주어 오로지 공부에만 전념하도록 배려한 것이다.

세종은 집현전의 젊은 학자들의 독서 습관까지 세세하게 관심을 가지고 배려하여, 이들을 통해 다양한 연구가 이루어지고 많은 책이 편찬되도록 힘썼으며, 그 분야는 윤리, 음악, 의학, 과학, 역학, 어학, 천문학, 사학 등 매우 다양했다. 이러한 세종의 정책에는 집현전에서 이루어진 학문 연구로 백성들의 삶을 편안하게 하는 민본주의를 실천하려는 깊은 뜻이 담겨 있었다.

600년 전의 세종대왕은 오늘날의 시각으로 바라보아도 훌륭한 리더다. 앎과 깨달음에 대한 욕구가 강했던 세종은 자신의 욕심을 채우기 위한 목적으로 책을 읽지 않았다. 개인의 이익을 위한 독서가 아니라 독서의 결과 하나하나가 백성에게 도움이 될 수 있어야 한다고 생각한 세종대왕은 이 시대에 필요한 진정한 리더의 모습이라는 생각이 든다.

역사책과 외국어 책으로 하는
처칠의 리더 독서

　역사상 가장 위대한 영국인은 누구일까? 셰익스피어, 뉴턴, 엘리자베스 1세, 비틀즈 등 다양한 인물들이 떠오를 것이다. BBC에서 영국인들에게 설문 조사를 한 결과 가장 위대한 영국인으로 뽑힌 사람은 바로 영국의 정치가인 윈스턴 처칠이다.

　윈스턴 처칠은 제2차 세계대전 중 총리로서 국민 여론을 통합하고 국제적 협력을 이끌어 내어 연합국이 승리하는 데 결정적인 기여를 했다. 하지만 처칠은 위대한 정치가일 뿐만 아니라 노벨 문학상을 받은 문학가이기도 하다. 제2차 세계대전이 끝난 후 처칠은《제2차 세계대전 회고록》이라는 책으로 1953년 노벨 문학상을 받았다. 이 책은 개인이 겪은 단순한 전쟁 경험담이나 고리타분한 전쟁사가 아닌, 영국의 총리로서 바라본 제2차 세계대전의 비극상을 뚜렷한 역사의식과 문학적 상상력으로 쓴 작품이라고 할 수 있다.

제2차 세계대전을 연합국의 승리로 이끈 화술과 정치 수완, 노벨문학상을 받은 문학가로서의 상상력과 문장력은 바로 어린 시절부터 지켜 온 처칠의 독서 습관에서 비롯되었다고 할 수 있다.

어린 처칠은 뛰어난 잠재력을 갖고 있는 영재였지만, 공부는 하기 싫어하는 못 말리는 개구쟁이에 꼴찌를 도맡아 하는 낙제생이었다. 하지만 이런 처칠을 바꾸어 놓은 것은 아홉 살 무렵에 아버지가 선물로 사 주신《보물섬》을 읽은 경험이었다.

처칠의 부모는 공부하기 싫어하지만 책 읽는 것에는 조금이나마 흥미를 보이는 처칠을 위해 특별한 독서 습관을 갖도록 지도하였다. 바로 하루 5시간 독서하는 것이었다. 하지만 어른조차도 하루 5시간의 독서는 고역일 것이다. 그래서 처칠의 부모는 처칠이 책을 읽기 힘들어하면 펼쳐 보기만이라도 하게끔 하고, 읽고 싶은 곳부터 펼쳐서 어떤 부분이든 눈에 띄는 구절부터 읽게끔 하였다. 이런 부모의 지도 덕분에 처칠은 책과 친구가 될 수 있었다.

처칠은 이런 경험을 통해 자신의 수상록《폭풍의 한가운데》에 "책과 친구가 되지 못하더라도, 서로 알고 지내는 것이 좋다. 책이 당신 삶의 내부로 침투해 들어오지 못한다 하더라도, 서로 알고 지낸다는 표시의 눈인사마저 거부하면서 살지는 말라"라는 유명한 말을 남겼다.

또한 하루 5시간의 독서 습관이 다독에만 치우칠 것을 우려해 처칠의 부모는 책을 많이 읽는 것보다도 한 권을 읽더라도 마음속에 오래 남을 수 있도록, 토론을 통해 책의 내용을 내면화시키는 데 신경 썼다. 처칠의 부모는 5시간의 독서 습관 형성을 위해 끊임없이 독서할 수 있는 독서 환경을 만들어 주는 등 무한한 관심과 사랑을 보여 주었다. 이런 부모의 헌신적인 노력 덕분에 처칠은 평생 책을 손에서 놓지 않는 독서광이 되었다. 아버지가 선물로 사 준 것은 《보물섬》이라는 한 권의 책이었지만 처칠에게 《보물섬》은 인생의 보물 같은 값진 책이 되었다.

처칠은 사관학교 생도가 된 이후부터 공부에 흥미를 느껴 열심히 공부하기 시작했는데, 그 이유는 군사 서적과 역사책에 흥미가 생겼기 때문이었다. 이 시기에 처칠은 역사서와 세계 지도자들의 전기를 주로 읽었는데, 특히 에드워드 기번의 《로마제국 쇠망사》는 그가 지혜의 원천으로 삼았을 정도로 애독했다고 한다.

처칠은 사관학교를 졸업하고 군대생활을 시작할 때 또 한 번 독서와 공부에 대한 신념을 굳건히 하게 되었다. 그의 상관이었던 브라바존 대령은 폭넓은 독서력과 논리적으로 잘 정리된 수준 높은 전문지식을 갖춘 지휘관으로, 처칠은 그의 강연과 그와의 대화를 통해 군인으로서 갖추어야 할 덕목과 지식, 습관 등을 본받게 되었다. 처칠은 브라바존 대령과의 만남 이후 독서에 더욱 전념하게 되었다.

처칠의 독서에 대한 열정은 식민지 인도에서도 멈추지 않았다. 이 시기에 처칠은 색다른 독서의 즐거움을 맛보기 위해서 외국어로 된 책을 읽기 시작하였다. 처칠은 "외국어로 독서를 즐기는 과정 자체는 정신적인 근육 활동에 의존하는 것으로 어순의 변화와 뉘앙스의 차이 등이 정신에 새로운 활력을 가져다준다"라고 말하며 외국어로 된 책 읽기를 권장하기도 하였다.

윈스턴 처칠은 학교 열등생이었지만, 그를 믿어 준 부모의 독서 교육을 통해 사회 우등생이 되었고 삶의 바른길을 찾았으며, 제2차 세계대전의 영웅이자 노벨 문학상을 받은 작가가 되었다. 만약 처칠의 부모가 처칠에게 학교 공부만을 강조했다면 아마 지금 우리가 알고 있는 처칠은 없었을 것이다. 부모가 자녀를 믿고 독서의 힘을 믿었기에 위대한 정치가이자 문학가 처칠이 만들어질 수 있었다.

부모들은 자녀가 공부만 잘하는 아이보다는 인성이 바르고 생각이 깊은 아이로 자라나기를 바란다고 말한다. 하지만 정작 인성과 사고력보다는 학업 성적을 우선시하는 학부모가 될 수밖에 없도록 내모는 사회 현실 앞에서 이런 바람들은 너무 쉽게 무너져 버린다. 올바른 삶의 철학을 세워 아이를 믿고, 아이가 독서를 통해 참된 지혜를 얻을 수 있도록 부모들도 노력해야 한다.

생각하고 표현하는 힘을 키우는
벤저민 프랭클린의 필사 독서

미국의 달러화 속 주인공들은 어떤 인물들일까? 높은 가치의 화폐라고 해서 더 뛰어나고 더 위대한 인물을 선정하지는 않았겠지만, 통용되는 달러화 중 가치가 가장 큰 100달러의 주인공은 미국 '건국의 아버지' 중 한 명인 벤저민 프랭클린이다. 프랭클린은 달러화 속 주인공 중에서 대통령이 아닌 두 사람 중 하나다(나머지 한 명은 10달러에 그려진 알렉산더 해밀턴이다).

프랭클린은 정치가보다는 피뢰침과 다초점렌즈를 발명한 발명가로 더 잘 알려져 있다. 우리나라에도 유행하고 있는 '프랭클린 플래너'라는 일정 관리 수첩 또한 프랭클린이 휴대하고 다녔던 수첩 형식에서 착안하여 만든 것이다.

보잘것없는 인쇄 도제공이었던 벤저민 프랭클린은 독학으로 학문에 정진해 출판업, 저술, 신문 발행, 철학, 외교 그리고 발명까지 여러 방면에 걸쳐 수많은 업적을 남겼다.

그가 이런 업적을 이룰 수 있었던 데에는 독서가 많은 영향을 끼친 것으로 알려져 있다. 그는 어릴 때부터 돈이 모이면 모두 책을 사는 데 사용했을 정도로 독서를 매우 좋아했다. 그런 독서가 그의 삶과 사고방식에 큰 영향을 끼쳤다.

프랭클린은 젊은 시절에 형편이 넉넉하지 않았으므로 대부분 책을 빌려 읽었는데 낮에는 형 밑에서 도제 일을 하고 주로 밤이나 새벽, 주말에 독서를 했다. 또 독서 시간과 책 사는 비용을 확보하기 위해 유익하지 않다고 생각하는 다른 취미 생활을 스스로 모두 차단해 버릴 정도로 독서에 열중했다.

이처럼 젊은 시절 책을 사 읽는 데 어려움이 많았던 프랭클린은 책 수집과 독서의 이점을 다른 많은 사람과 공유하고자 현대의 도서관과 유사한 제도를 만들었는데, 책을 읽고 싶으나 돈이 없어 책을 사기 어려운 사람끼리 일정액의 회비를 모아 책을 사서 함께 읽는 제도다. 다수의 장서를 갖고 있는 회원들에게서 책을 기증받기도 하고 회비를 모아 책을 사기도 해서, 책을 읽고 싶어 하는 사람들에게 빌려 주는 일종의 도서관 제도였다. 이를 통해 책을 구하기 어려웠던 많은 사람이 큰 도움을 받았다고 한다.

프랭클린은 검소하고 성실한 성격 덕분에 독학으로 많은 지식을 습득할 수 있었다. 그는 음식 살 돈까지 아껴 산수, 항해술, 기하학, 철학 책 등을 사 읽으며 독학하였다.

프랭클린은 책 읽기를 통해 글쓰기를 연마했는데, 그 방법은 좋은 글을 자신의 말로 다시 써 보는 방법이다. 그는 수많은 연습을 통해 생각을 정리하고 글을 논리적이고 체계적으로 쓰는 방식을 깨닫게 되었다. 이런 글쓰기 능력은 저술 활동이나 외교관의 역할을 수행하는 데 큰 도움이 되었고, 특히 토마스 제퍼슨과 함께 '미국독립선언문'의 기초를 작성하는 데 빛을 발했다.

프랭클린은 책을 통해 배운 지식을 실행에 옮기는 사람이었다. 그는 책에서 채식이 건강에 좋다는 내용을 읽고 육식을 포기했다. 또한 공동체 프로젝트에 관한 책을 읽고 화재보험협회, 연금 조성을 위한 선원들의 모임, 청소년 장학회, 지적 장애인 수용 시설 등을 필라델피아에 설립했다.

프랭클린은 독서를 하면서 지적으로뿐만 아니라 도덕적으로도 덕이 있는 사람이 되려고 노력했다. 책에서 찾은 열세 가지 덕목인 절제, 침묵, 규율, 결단, 절약, 근면, 정직, 정의, 중용, 청결, 평정, 순결, 겸손을 작은 수첩에 적어 매일 그것의 실천 상황을 점검하며 지키려고 노력했고, 많은 부분을 이행했다.

그의 작은 수첩에는 하루 24시간을 어떻게 쓸 것인지에 대한 내용도 있었는데, 그의 시간표를 보면 그가 주로 아침 일찍부터 일어나 하루 종일 독서와 연구에 몰두했다는 것을 알 수 있다. 프랭클린은 "독서는 정신적으로 충실한 사람을 만든다. 사색은 사려 깊은 사람을 만든다. 그리고 논술은 확실한 사람을 만든다"고 하였다. 그는 독서의 의미와 독서의 유익한 점을 잘 알고 실천하는 지성인이었다.

요즘 우리나라 국민들이 독서와 점점 거리가 멀어지는 것 같아 안타깝다. 브랜드 커피 한 잔을 사 마시는 데는 후하면서도 책 한 권을 사는 데는 인색한 듯하다. 어느 작은 골목에 가도 커피 전문점은 쉽게 찾아 볼 수 있지만 서점은 큰길에서도 찾기 어려워졌다.

대학에서는 전공 서적을 직접 구입하기보다는 복사해 제본하는 학생들이 많은가 하면, 심지어 전공 서적을 이렇게라도 준비하지 않는 학생도 많다고 한다. 전공 서적조차 사지 않는데 다른 책은 더 말할 나위도 없을 것이다. 커피 전문점보다 서점이 많아지는 사회가 되기를 바라 본다.

독서 교육은 자녀의 미래를 위해
부모가 줄 수 있는 최고의 선물

"초등학생은 책을 많이 읽기만 하면 되는 것 아닌가요?"

아이가 많이 읽을 준비가 됐다. 책을 좋아하고 재미있어 한다. 그렇다면 우리 아이를 한 단계 끌어올려 보자.

우선 아이에게 좀 더 어려운 수준의 책을 읽도록 해 보자. 평소 하루에 쉬운 책 다섯 권씩 소화할 수 있는 아이라면, 하루에 어려운 책 한 권을 소화할 수 있도록 해 보자. 많이 읽는 것도 좋지만 이제는 더 길고 어려운 책을 읽는 것을 칭찬해 주자.

또한 아이의 꿈과 연계된 독서를 해 보자. 아이가 관심을 가지는 주제에 관한 책을 많이 읽을 수 있도록 도와주자.

다음으로 따져 읽기를 시작해 보자. 그동안은 책의 내용을 파악하는 독서였다면 이번에는 꼬치꼬치 따져 묻는 독서다. 즉 '비판적 읽기'다. "왜 이렇게 되지?" "아마 다음에는 이렇게 될 거야" "주인공이 이렇게 행동하는 건 옳지 않아" 등 여러 가지 생각을 하며 따져 물으면서 읽는 것이다.

"인터넷에도 정보가 널렸는데 꼭 책을 읽어야 하나요?"

책을 많이 읽는 아이라도, 너무 쉬운 책이나 그림책만 많이 읽는 아이에게는 더 수준 높은 책을 권해 주는 것이 좋다. 좀 더 수준 높은 책을 날마다 한두 권 정도 엄마가 읽어 주면 아이가 쉽게 다음 단계의 책에 도전할 수 있다.

부모와 함께 책을 읽을 때 좋은 점은 자녀와 많은 대화를 하고 나눌 수 있다는 것이다. 요즘은 부모와 자녀가 대화하는 시간이 많지 않다. 같은 공간에 있어도 각자 스마트폰을 만지작거리거나, 컴퓨터 게임, TV 시청에 정신을 빼앗기는 경우가 많다. 의지적으로 함께 책 읽는 시간을 마련해 이런 부작용을 사전에 예방하는 것이 좋다.

책을 많이 읽은 아이라면 궁극적으로는 책을 통해 배운 것을 행동으로 옮길 수 있도록 하는 것이 중요하다. 아는 것을 실천하는 것, 그것이 바로 교육의 목적이기 때문이다. 알기만 하는 사람은 많지만 아는 것을 행동으로 옮길 수 있는 사람은 많지 않다. 하지만 역사 속 위대한 인물들은 모두 아는 것을 삶에서 실천한 사람들이었다.

책을 많이 읽은 사람은 다른 사람보다 한 차원 더 높은 생각을 할 수 있다. 이는 책에 답이 있어서라기보다는 다양한 분야의 책을 읽으며 좋은 생각들을 모아 재구성할 수 있게 되기 때문이다. 이것이 바로 '창의력'이다. 오늘날 교육에서는 이러한 창의성을 매우 강조한다. 그러나 어쩌면 창의력보다 더 중요한 것은 창의적인 생각을 실현시킬 수 있는 '실행력'일 것이다.

아이들에게 실행력을 키워 주기 위해서 책에서 배운 내용 중 사소한 것 하나라도 실천하는 습관을 들이도록 도와주자. 우선 책에서 배운 것을 자신에게 적용해 더 좋은 습관을 만들고, 책에서 배운 것으로 다른 사람들을 도와주는 일 등을 실천해 보면서 '독서가 정말 나를 변화시키는구나' 하고 느낄 수 있다면 성공이다. 이것은 아이들에게 강한 동기부여가 되어서, 자신에게 할 수 있는 최고의 투자가 바로 '책 읽기'라는 것을 스스로 느끼게 할 것이다.

책을 읽는 궁극적인 이유는 살아가면서 마주하게 되는 삶의 문제나 궁금증을 해결하고, 자신은 물론 다른 사람들을 유익하게 하여 더 나은 삶을 살기 위함이다. 부모가 자녀들에게 가장 바라는 것은,

올바른 가치관을 가지고 험난한 세상을 지혜롭게 헤쳐 나가는 능력을 갖추는 것일 테다.

따라서 독서 교육은 아이들이 삶의 문제를 해결하는 통찰력을 키울 수 있는 가장 좋은 방법이며 부모가 줄 수 있는 최고의 선물이다! 많은 지식보다 깊은 지혜를 가진 우리 아이로 키우기 위해 자녀의 독서 교육에 더 많은 관심을 가지길 당부한다.

부모의 독서 교육이 10년 후 내 아이의 미래를 결정한다.

bibliography
참고도서

김삼웅(2008).《책벌레들의 동서고금 종횡무진》. 시대의창.

김정진(2005).《독서불패》. 자유로(새성).

데일 카네기(2010).《데일 카네기 나의 멘토 링컨》. 리베르.

박경철, 노희찬, 이지성 등저(2013).《내 인생을 바꾼 한 권의 책 2》. 리더스북.

박웅현(2011).《책은 도끼다》. 북하우스.

버트런드 러셀(2005).《행복의 정복》. 사회평론.

벤자민 프랭클린(2011).《프랭클린 자서전》. 나래북.

서지원(2012).《몹시도 수상쩍은 과학 교실》. 와이즈만북스.

선안나(2008).《고양이 마을 신 나는 학교》. 문원.

심정섭(2012).《안철수 공부법》. 황금부엉이.

안계환(2011).《성공하는 사람들의 독서습관》. 좋은책만들기.

안철수(2005).《CEO 안철수, 영혼이 있는 승부》. 김영사.

안철수(2009).《행복바이러스 안철수》. 리젬.

오스틴 펠프스(1991).《응답받는 기도 원리》. 나침반사.

앤드류 킬패트릭(2008).《워렌 버핏 평전 1 · 2》. 월북.

앨리스 슈뢰더(2009).《스노볼1》. 랜덤하우스코리아.

원종찬, 김경연(2002).《또야 너구리의 심부름》. 창비.

월터 아이작슨(2006).《벤저민 프랭클린: 인생의 발견》. 21세기북스.

이민주(2009).《워렌 버핏》. 살림출판사.

이원복(2012).《새로 만든 먼나라 이웃나라 5: 스위스》. 김영사.

이지성(2007).《여자라면 힐러리처럼》. 다산북스.

장승수(2004).《공부가 가장 쉬웠어요》. 김영사.

정 민(2006).《다산선생 지식경영법》. 김영사.

정 민(2013).《오직 독서뿐》. 김영사.

정하나(2013).《엄마가 학원을 이긴다》. 문예춘추사.

짐 트렐리즈(2012).《하루 15분 책 읽어주기의 힘》. 북라인.

최인호(2011).《1등급 공부 습관》. 21세기북스.

최진(2010).《대통령의 독서법》. 지식의숲.

최효찬(2010).《세계 명문가의 독서 교육》. 바다출판사.

칼 비테(2008).《칼 비테의 공부의 즐거움》. 베이직북스.

프레드 캐플런(2010).《링컨》. 열림원.

독서가 공부를 이긴다

1판 1쇄 2015년 1월 10일 발행
1판 7쇄 2019년 4월 1일 발행

지은이·정하나, 박주일
펴낸이·김정주
펴낸곳·㈜대성 Korea.com
본부장·김은경
기획편집·이향숙, 김현경, 양지애
디자인·문 용
영업마케팅·조남웅
경영지원·장현석, 박은하

등록·제300-2003-82호
주소·서울시 용산구 후암로 57길 57 (동자동) ㈜대성
대표전화·(02) 6959-3140 | 팩스·(02) 6959-3144
홈페이지·www.daesungbook.com | 전자우편·daesungbooks@korea.com

ⓒ정하나·박주일, 2015
ISBN 978-89-97396-49-8 (03370)
이 책의 가격은 뒤표지에 있습니다.